위대한 복음

로이 헷숀 지음 | 조승희 옮김

기독교문서선교회

기독교문서선교회(Christian Literature Crusade: 약칭 CLC)는
1941년 영국 콜체스터에서 켄 아담스에 의해 시작되었으며
국제 본부는 영국의 쉐필드에 있습니다.
국제 CLC는 59개 나라에서 180개의 본부를 두고, 약 650여 명의
선교사들이 이동도서차량 40대를 이용하여 문서 보급에 힘쓰고 있으며
이메일 주문을 통해 130여 국으로 책을 공급하고 있습니다.
한국 CLC는 청교도적 복음주의 신학과 신앙서적을 출판하는
문서선교기관으로서, 한 영혼이라도 구원되길 소망하면서
주님이 오시는 그 날까지 최선을 다할 것입니다.

Good News for Bad People

Written by
Roy Hession

Translated by
Seunghee Jo

Copyright © 1998 by Roy Hession Book Trust U.K.
Originally published in English under the title as
Good News for Bad People
by Roy Hession.

Translated and used by the permission of
The Roy Hession Book Trust, 3 Florence Road,
BROMLEY, Kent BR1 3NU, England.

All rights reserved.

Korean Edition
Copyright © 2014 by Christian Literature Crusade
Seoul, Korea

로이 헷숀 저서

- 갈보리 언덕 · Calvary Road
- 예수님을 바라보라 · We Would See Jesus
- 지금 충만을 받으라 · Be Filled Now
- 주를 뵈올 때 · When I Saw Him
- 당신의 옷자락으로 나를 덮으소서 · Our Nearest Kinsman
- 나는 죽고 그리스도만 · Not I, But Christ
- 더 깊은 회개 · Forgotten Factors
- 나의 갈보리 언덕 · My Calvary Road
- 위대한 복음 · Good News for Bad People
- 새 언약의 삶 · From Shadow to Substance

추 | 천 | 사 | 1

화종부 목사

남서울교회

『위대한 복음』의 추천사를 쓰고 있는 지금 나는 참 행복하다. 그리고 이 같은 부류의 책들이 조국 교회에도 많이 번역되고 소개되고 있다는 사실에 큰 기쁨을 느낀다. 조국 교회를 생각할 때마다 늘 복음의 부재 혹은 복음에 대한 충분하지 못한 견해가 오늘 조국 교회의 많은 문제들의 근원이라고 여기기 때문이다. 신학을 처음 시작할 때부터 오늘까지 적지 않은 세월을 목회자로서 살아왔지만 여전히 조국 교회의 문제의 핵심은 복음에 대한 무지와 오해이며, 복음이 가진 이 세상의 질서나 원리와 다름을 인식하는 데서 오는 감격이 줄어들고 있는 것이 조국 교회의 약함 자체라고 여긴다. 복음이 갖는 은혜의 메시지는 우리의 삶에 익숙한 진리가 아니어서 더 자주, 더 온전히 강조되고 반복될 필요가 항상 있으며 그래야 교회에 있어야 하는 경건한 능력이 바르게 드러나게 되는 것이다.

이 책이 더 귀한 것은 저자가 1947년 동 아프리카 부흥을 직접 경험하면서 복음이 가지는 은혜에 대한 깊은 감동을 경험했고 그 이후 줄곧 이 주제에 마음이 붙들려 있었다는 점이다. 그러니까 이 책은 저자 자신의 체험과 깊은 성경연구를 통한 진리에 대한 깨달음, 그리고 반복되는 개인적인 몰입과 연구의 결과물이다. 그러므로 이 책은 복음을 모르는 불신자에게는 물른 사역자들과 다른 사람을 섬기는 섬김이들에게도 많은 유익을 줄 수 있는 좋은 책이다.

이 책은 모든 것이 조건과 자격, 공로에 의해 좌우 되는 이 세상에서 아무것도 가지지 못하고 갖추지 못한 낮고 약한 사람들에게까지 복음이 주는 은혜의 파격성이 얼마나 좋은 소식인지 잘 보여준다. 은혜는 기독교의 상투적인 한 문구에 그치는 것이 아니라 성경 전체의 핵심 메시지이며 복음의 능력이다. 죄인들을 향한 하나님의 넘치는 은혜를 깨달을 때만 경외와 감격을 가진 예배자로 사는 성도들을 만나게 될 것이며 세상에서 전투하는 교회에 적합한 믿음의 군병들을 얻게 될 것이다. 오늘 우리가 사는 이 시대는 하나님의 은혜가 죄인들에게 어떠한 것인지를 정확하게 이야기해야 할 시대이며 이런 것들이 약해지기 때문에 교회는 보편적인 약함을 호소하고 있는 것이다. 그러므로 모든 면에서 시대적인 꼭 필요한 메시지를 가진 이 좋은 책을 기쁜 마음으로 강력히 추천드리는 바이다.

Good News for Bad People

추 | 천 | 사 | 2

김종호 대표

한국기독학생회(IVF)

복음이란 것은 가장 기본적인 성경의 메시지다. 기본이 없거나 취약할 때, 그 위에 쌓은 모든 것은 결국 무너질 수밖에 없다. 우리는 얼마 전 안타까운 생명을 앗아간 세월호 사건을 통해, 기본의 중요성을 배웠다. 십자가의 복음을 바로 알고 그 복음에 기초해 내 삶과 신앙을 세워가는 것이 얼마나 중요한지 모른다. 『위대한 복음』은 바로 이 기초를 확실히 다지는 데 큰 도움을 줄 책이다. 주위에서 신앙의 본을 보이며 훌륭한 삶과 정신으로 살아가시는 존경스런 신앙인들을 보면 한결같이 신앙의 기본이 되는 복음 이해와 신앙의 기초를 닦은 경건의 훈련이 몸에 밴 분들이다.

이 책은 오랫 동안 교회에 다녔지만 신앙의 기초가 없거나 혼란스러운 독자들에게 특히 유익할 것이다. 저자는 복음(Good News)이 죄인(Bad People)을 위한 소식이며, 이는 이미 신자라고 생각하는 사람들까지 포함하고 있음을 밝힌다. 하나님과의 화해, 다른 사람들과의 화해, 칭의, 성화 등의 주제를 명확히 이해하며, 특히 복음을 기초로 거룩한 삶을 살도록 돕는 회개까지 예리하게 다루고 있다. 오랜 교회생활에도 불구하고 마음 속에 늘 찜찜한 불안이 있고, 뭔가 정리되지 않은 혼란이 있는 사람들은 이 안내서를 통해 기초를 재확인하는 유익을 얻을 것이다. 어쩌면 이 기초가 저자가 말하는 부흥을 한국 교회에 가져다 줄 가장 중요한 단서를 마련해줄 수 있지 않을까 생각해 본다.

저 | 자 | 서 | 문

이 책의 메시지와 내용들은 영국 서포크 사우스올드에서 매년 열린 기독교 컨퍼런스에서 "위대한 복음"이라는 주제로 전한 다섯 개의 성경읽기 강좌에 기초하고 있다. 다행히 강좌의 내용들은 테이프에 저장이 되었고 이를 통해 내용 전체를 타이핑하게 되었다. 이 자료들은 몇 년에 걸친 연구 가운데 축적된 것들이다. 주님께서 이 내용들을 다음 세대를 축복하기 위한 도구로 사용될 수 있도록 책으로 만들고자 하는 소원을 주셨다.

은혜의 메시지를 더욱 완전하게 제시할 필요는 항상 있다. 1947년에 부흥을 경험한 이후로 이 주제를 선포하려고 노력해 왔다. 지금은 동아프리카 부흥으로 알려진 그 사건에서 예수님을 주님으로 만난 일단의 선교사들과 아프리카 지도자의 증거와 가르침을 통해 부흥은 여기까지 전해졌다. 나는 풀타임 사역자였지만 살아있는 부흥을 직면하게 되면서 다른 사람들과 함께 깊은 감동을 받았고 주님과 새롭게 동행하기 시작했다. 그 결과로 하나님의 은혜의 복음이라는 새로운 개념을 점진적으로 가지게 되었다. 하나님은 은혜의 복음이라는 수단을 통해 교회의 부흥과 잃어버린 자의 구원을 이루신다. 이 책은 그런 개념의 직접적인 결과물이다.

하지만 이 책은 그때까지 기록한 것들을 문자 그대로 적어 내려간 것 이상의 것들을 담고 있다. 나는 위대한 진리들을 반복적으로 연구했고 개인적으로 몰입하여 자세히 서술했다. 예를 들어 원래의 연구 가운데는 다섯 항목으로 된 "위대한 말씀"으로 구성되었으나 이 책에는 열 개 항목을 다루고 있다. 복음을 주제별로 나누어서 우리가 때때로 느끼는 것과 마찬가지로 스스로를 낮고 약하다고 느끼는 사람에게 복음이 어느 정도까지 적용되는지를 보여줘야 한다고 생각했다. 다시 말하자면 복음은 어느 정도까지 죄인들에게 좋은 소식이 될 수 있겠는가? 나는 그때부터 연구한 내용은 테이프에서 들었던 것을 단순 반복한 것이 아니라 새로운 것이라 확신한다.

이와 같이 소중한 사실들을 펼쳐 보이는 것이 중요한 다른 이유가 있다. 그것은 "은혜의 메시지"라는 표현이 개인적 부흥이든 집단적 부흥이든 부흥의 시기에 진행되는 사역을 가리키기 위해 종종 사용된다는 사실이다. 어떤 표현의 의미를 명확히 하지 않은 채 자주 사용하면 그것은 결국 누구에게도 아무런 의미를 갖지 못하는 상투적인 문구로 끝나버리게 된다. 그러나 은혜의 메시지는 상투적인 문구가 아니다. 그것은 성경 전체의 메시지이며 신약뿐 아니라 구약의 어느 곳을 찾아봐도 발견하게 될 것이다. 이 사실은 주 예수 안에서 명확해 진다. 은혜가 죄인을 위한 전부가 된다는 것을 깨닫게 될 때 우리는 경외와 회개로 무릎을 꿇게 되고 자유함을 발견하게 될 것이다.

이제 책의 제목인 『위대한 복음』(*Good News for Bad People*)에 대해 한 마디 적고자 한다. 몇 년 전에 나는 이전 세대의 사랑을 받았던 성경교사인 몬태규 굿맨(Montague Goodman)이 쓴 소책자에서 복음을 그렇게 정의한 것을 본 적이 있다. 그가 내린 정의는 한 구절로 정리된 것이 아니라 책을 읽다가 발견한 어떤 문장 속에 담겨 있었다. 나는 그가 내린 복음에 대한 정의를 여러 번 되풀이하여 읽으며 그 정의에 흠뻑 빠지게 되었다. 내가 설교한 것을 들은 적이 있는 사람이라면 이를 알 수 있을 것이다. 그가 내린 정의는 하나님의 은혜가 죄인에게 어떠한 것인지를 정확하게 이야기하고 있다. 어떤 표현도 이 책의 메시지를 더 적절하게 전달할 수 없다.

만약 이 페이지를 읽고 있는 사람이 성경 교육을 잘 받았고 그 가르침 위에 서 있는 오래된 그리스도인이라면 이미 다 아는 내용이기 때문에 복음의 진리들이 단단한 음식이 아닌 젖과 같은 음식으로 생각하지 않도록 권유할 것이다. 복음의 위대한 말씀들 하나하나를 통해서 하나님은 새로운 빛을 비추시고 비록 내가 설교자이기는 하지만 부흥이 오기 전에는 알지 못했던 안목들도 허락하셨다. 이 모두가 지금까지 나의 삶의 기준이며 이를 떠나서는 살 수 없는 것들이다.

그렇다면 나는 누구를 위해 이 연구를 계속하고 있는가?

첫째, 신앙을 고백하는 그리스도인을 위해서이다. 그리스도인이라면 이 책을 택할 가능성이 크고 책 속의 메시지는 특별히 그러한 사람을 위한 것이다. 책의 제목인 『위대한 복음』은 순전히 전도용 책자처럼 보일 수도 있지만, "죄인"(*Bad People*)이라는 말은 회심한 사람들에게 해당될 수도 있다. 나는 경험적으로 회심한 사람들도 하나님과의 인격적인 관계가 거의 없거나 부족할 수 있다는 것을 안다. 그런 사람들은 하나님이 자신들을 위해 복음을 예비해 놓으셨음을 알 필요가 있다. 그것도 가능한 가장 쉬운 용어를 통해서 말이다. 복음을 다시 붙들게 된다는 것은 그들에게 실제적인 부흥이 오는 것을 의미하며 회심한 날에 기뻐했던 것처럼 다시 기쁨으로 노래하게 될 것이다. 이 책은 실제로 부흥신학을 위한 핸드북이다. 이런 부흥은 그리스도인의 마음 속에서부터 시작되어야 한다. 물론 거기에서 그치는 것이 아니라 거기에서 시작되어야 한다. 나는 이 책을 읽는 사람이 흥분과 기대감으로 책을 대하리라고 생각하고 싶다.

둘째, 나는 이 책을 실제로 잃어버린 자를 위해 기록하고 있다. 나는 "잃어버린"이라는 용어를 좋아한다. 이 단어는 그리스도 없이 사는 자들을 부드럽게 지칭하는 성경적인 말이다. 그들은 잃어버린 자들이지만 어떤 분이 그들을 찾고 있다. 이 책에 나타나는 진리들은 잃어버린 자들이 하나님을 찾게 된다는 꽤나 명쾌한 메시지이다. 믿는 자들의 필요를 채우기 위한 영역까지 복음의 진리를 다루었지만 복음은 무엇보다 잃어버린 자들을 위한 것이다.

셋째, 나는 다른 사람들에게 복음을 전하는 책임을 가진 형제자매들을 마음속에 두고 있다. 이렇게 은혜를 재발견한 이야기를 나눌 때에 이렇게 책으로 공개하는 것이 도움이 되고 결실을 맺게 하며 이전에는 없었던 복음의 불을 지필 수 있게 되리라 확신한다. 자신이 복음보다는 훌륭한 조언만을 주려 했었던 것을 발견할 수도 있을 것이다. 어떤 이들에게는 이러한 것이 신학적 혁명이 될 수 있으나 복음을 전하는 현장에서 이런 일이 일어나는 데는 분명 시간이 걸릴 것이다. 개인적으로 부흥을 경험하는 것과 다른 사람들을 위해 부흥을 명확하게 말로 전달할 수 있도록 모든 사고의 방향을 재조정하는 것은 별개의 문제이다. 그렇다면 이 책은 잃어버린 영혼, 영적으로 궁핍한 그리스도인들, 설교자들을 위한 것이다. 그 중에서도 설교자들이 가장 영적으로 궁핍한 자일 수 있다. 나도 그런 사람들 가운데 하나로서 이 책을 쓰고 있다.

나는 이 책을 통해 또 다른 가능성을 보게 된다. 그것은 그룹 성경 공부를 할 때 이 책의 내용들을 사용할 수 있다는 점이다. 따라서 이 책은 성경 색인들이 텍스트 중심에 놓여 있지 않도록 해서 눈을 혼란스럽게 하지 않도록 했다. 대신 각 페이지의 하단에 각주로서 배치했다. 그렇게 함으로써 독자들이 쉽게 색인의 위치를 파악하고 참조하도록 했다. 책에서 사용하고 있는 성경은 AV(흠정역), 즉 KJV(킹제임스역)이다(번역서 특성상 개역개정을 주로 인용한다 - 역주). 도움이 될 것으로 생각될 때는 다른 종류의 성경에서 단어와 구절들을 가져왔지만 작은 변화에 대해서는 상세히 기술하지는 않았다.

한 번에 한 장 혹은 두 장씩 읽으면서 진리를 소화할 수 있는 여지를 두길 부탁한다. 그리고 자신의 상황에 적용하며 다만 중간에 포기하지 않기를 부탁한다. 가장 폭발력 있는 진리들은 후반부에, 특별히 마지막 장에 있다.

이 책을 읽어 나갈 때 요나가 고래 뱃속에서 했던 그 기도를 기억하기를 바란다. "내가 말하기를 내가 주의 목전에서 쫓겨났을지라도 다시 주의 성전을 바라보겠다 하였나이다." 요나가 처해있던 상황은 바로 하나님의 목전에서 쫓겨난 것과 같았다. 탓할 사람은 자신뿐이었다. 하지만 극한 상황에서 요나는 다시 주의 성전을 바라보겠다고 말했다. 그 곳은 솔로몬의 기도에 다음과 같이 하나님이 응답하셨던 곳이다. "내가 이미 네 기도를 듣고 이곳을 택하여 내게 제사하는 성전을 삼았으니"(대하 7:12). 그 곳은 이스라엘 백성들이 재난의 시기에 기도한 곳이며 하나님은 하늘의 처소에서 그 기도를 들으시고 그들의 죄를 용서할 뿐 아니라 삶의 목표를 회복시키셨다. 이것이 요나가 했던 일이다. 고래 뱃속에 갇혔던 요나는 분명 이렇게 말했을 것이다.

> 제사하는 성전이 어느 방향에 있는지 모르겠습니다. 여기에서 저는 방향감각을 잃어버렸습니다. 하지만 주의 성전이 있으리라 생각되는 곳을 다시 바라보려 합니다. 제가 제대로 방향을 잡았다는 것을 믿겠습니다.

옛날에 했던 약속은 여전히 유효하며 성전에서 드린 제물은 아직도 소용이 있다. 하나님은 하늘에서 들으셨고 요나의 죄를 용서하셨다. 그를 고래에서 꺼내 주시고 니느웨로 돌려보내 놀라운 결과를 이루게 하셨다.

로이 헷손

Good News for Bad People

역 | 자 | 서 | 문

　로이 헷숀 목사의 『위대한 복음』은 기독교의 기본적인 교리뿐 아니라 저자가 동 아프리카 부흥을 경험한 사람들을 직접 만나 은혜의 복음이 교회의 생명력을 회복하게 하고 잃어버린 자들에게 예수가 주님으로 증거되는 과정을 목격하고 나서 얻게 된 여러 인사이트들을 담고 있다.

　부흥은 잃어버린 자들이 주님께로 돌아오고 메말랐던 그리스도인의 생명력이 회복되는 것으로 정의할 수 있다. 부흥은 인간이 선동하고 조작하여 일으킬 수 있는 것이 아닌 하나님이 내려주시는 은혜의 영역이자 사역이다.

　역사신학자 리차드 러블라스(Richard Lovelace)는 부흥의 역사를 회고해 보았을 때 발견하게 된 부흥의 본질적인 요소는 칭의, 성화, 성령의 내주, 영적전쟁을 위한 권세라고 말한다. 이는 예수의 죽음과 부활에 연합한 결과로서 구속사역의 유익이라 할 수 있다. 칭의는 예수 안에서 우리가 주님의 자녀로 받아들여진 사실이고 성화는 주 안에서 죄의 지배에서 벗어나 이제는 죄와 싸울 수 있게 된 현실을 말한다. 내주하시는 성령이 우리의 스승이자 친구가 되며 주 안에서 현재의 영적싸움을 이어갈 권세와 분별의 안목을 가지게 된다.

그런데 부흥이 이어지기 위한 전제조건이 있다. 그것은 주님 앞에 서게 되고(칭의) 주 안에서 얻게 된 새로운 생명력이 발현되는 것과(성화, 제자도) 더불어 하나님의 성품과 인간의 본질적인 필요가 무엇인지를 명확하고도 깊게 깨달아 알아야 하는 것이다. 하나님을 아는 지식과 인간을 아는 지식을 통한 각성이 먼저 일어나야 한다. 십자가 사건은 타락한 피조세계를 향한 하나님의 진노의 깊이와 동시에 이 세상을 향한 하나님의 사랑과 은혜의 규모를 보여주는데 이것은 주님이 우리에게 말씀하신 계시를 통해서 알아 가게 된다.

살아 있는 그리스도인은 주님의 자녀로서 성령과 동행하며(제자들이 스승과 함께 걸으면서 가르침을 듣고 배우는 것처럼) 위로부터 위임되는 권세를 가지고 죄의 다양한 층위들을 분별하며 싸운다. 그리고 공동체적으로 연합하고, 선교와 기도로 나아가고, 문화적 포로상태에서 탈출하면서 예수의 마음을 가지는 통합된 그리스도인으로 서게 되는 모든 과정들은 생명의 복음과 깊이 있게 마주대하는 가운데 이루어지는 것이다.

교리에 대한 정서적 골이 깊어져 가는 시대를 목격하고 있다. 죽은 정통(dead orthodoxy)에 대해 반발하는 자들과 그것을 고수하는 자들의 율법적 태도에 질린 사람들이 많아졌기 때문일 것이다. 하지만 화석화된 정통 때문에 정통자체를 버리지 말아야 한다. 팀 켈러 목사도 최근의 저서, 센터 처치(Center Church)에서 죽은 정통도 아닌, 자유주의도 아닌, 살아있는 정통(Live Orthodoxy) 즉 깊이 있고도 생명력 있는 전통적 복음 위에 구성되는 신학적 비젼(theological vision)이 세워질 때 교회의 생명력이 회복되고 잃어버린 자들이 돌아오게 됨을 여러 지역의 도시목회를 통해 나누고 증거하고 있다.

로이 헷숀 목사의 『위대한 복음』은 바로 살아 있는 복음, 생명력 있는 정통(Live Orthodoxy)에 대한 교리적 접근을 다룬 책이다. 하나님의 성품과 사역에 대한 충만하고도 넘치는 서술을 접하게 될 때 우리에게 주어진 칭의, 성화, 성령의 내주, 영적권세는 결코 얕은 토양에 심겨진 씨가 아님을 깨닫게 될 것이다. 이 책을 통해 어두운 한국적 상황 속에서도 끝까지 그리스도의 성품과 사역을 겸손히 발현하는 항상성있는 믿음을 선물로 소유한 그리스도인으로서 설 수 있기를 소망한다.

조숭희 識

| 차례 |

추천사1	화종부 목사(남서울교회)	05
추천사2	김종호 대표(IVF)	09
저자서문		11
역자서문		19
제1장	죄인들을 위한 복음	25
제2장	죄인을 위해 오신 예수	43
제3장	원수를 위한 화해	67
제4장	자격 없는 자를 위한 은혜	97
제5장	핵심적인 문제 - 피 흘림이 없이는 죄 사함도 없다	121

GOOD NEW FOR
BAD PEOPLE

GOOD NEW FOR
BAD PEOPLE

제6장 ㅣ 죄 있는 자를 위한 용서	151
제7장 ㅣ 부정한 자를 정결케 하심	181
제8장 ㅣ 불경건한 자들을 위한 칭의	197
제9장 ㅣ 핵심적인 실마리가 되는 회개	223
제10장 ㅣ 구속된 자들을 위한 영화	245
부록 ㅣ 복음을 설교하라	271

Good News for Bad People

제1장 | **죄인들을 위한 복음**

¹⁰천사가 이르되 무서워하지 말라 보라 내가 온 백성에게 미칠 큰 기쁨의 좋은 소식을 너희에게 전하노라(눅 2:10).

¹⁷예수께서 그 자라나신 곳 나사렛에 이르사 안식일에 늘 하시던 대로 회당에 들어가사 성경을 읽으려고 서시매 선지자 이사야의 글을 드리거늘 책을 펴서 이렇게 기록된 데를 찾으시니 곧 ¹⁸주의 성령이 내게 임하셨으니 이는 가난한 자에게 복음을 전하게 하시려고(눅 4:17).

이 책이 선포하는 메시지인 "죄인들을 위한 복음"은 가볍거나 흔한 기독교적 제목이 아니다. 이 책은 진지한 신학, 복음의 신학을 담고 있다. 나는 이를 부흥 신학이라 부를 것이다. 그 이유는 여러 해 전에 부흥을 직접 접하게 되면서 배우게 된 내용들이기 때문이다. 몇 개 안되는 단어로 이루어진 제목 안에는 은혜의 메시지, 부흥의 총체적인 내용이 압축되어 있다. 19세기의 위대한 신학자이자 전도자인 찰스 피니(Charles Finney)는 "부흥은 항상 쇠퇴를 전제로 한다"고 말했다. "다시"라는 의미를 가지는 라틴어 접두어인 "re"로 시작되는 이 단어(revival)는 그런 의미를 충분히 내포하고 있다. 부흥은 영적인 쇠퇴 가운데 있는 사람들의 마음 안에서 하나님이 다시 일하시는 것을 의미한다. 이는 푸른 계곡이 더 푸르게 되는 것이 아니라 마른 뼈로 가득 찬 골짜기가 뛰어난 대군으로 바뀌는 것이다(겔 37:10). 좋은 그리스도인들이 더 좋은 사람들이 되는 것이 아니라 뼈로 가득찬 골짜기에 죽어 있던 자들이 열매를 다시 맺게 되는 자로 바뀌는 것이다. 영적으로 가장 빈곤한 상태에 있던 자들이 부흥의 복에 가장 먼저 참여하게 되리라는 것은 자명하다.

이를 염두에 두면서 책 제목을 진지하게 다루고 여러 관점들을 면밀히 살펴봤으면 한다. 그렇게 하면 함께 공부하는 것 외에도 여러 실마리를 얻게 될 것이다.

복음

예수님이 탄생할 때에 목자들에게 나타난 주의 천사가 "보라 내가 온 백성에게 미칠 큰 기쁨의 좋은 소식을 너희에게 전하노라"(눅 2:10)고 말했다. 그 후에 나사렛에서 예수님이 성경을 펼치시고 "주의 성령이 내게 임하셨으니 이는 가난한 자에게 복음을 전하게 하시려고 내게 기름을 부으시고"(눅 4:18) 라고 말씀하셨다. 분명히 예수님이 오신 것은 좋은 소식을 선포하기 위해서였다. 복음(gospel)의 문자적인 의미는 좋은 소식이다. 헬라어로는 유앙겔리온(*euaggelion*)으로 '좋은'과 '소식'이라는 두 개의 단어로 되어 있지 않다. 단 하나의 단어 유앙겔리온이 '좋은 소식'이라는 의미를 가진다. 그래서 "그들이 좋은 소식을 선포했다"라는 표현이 있다면 헬라어로 동일한 한 단어가 있을 뿐이다. 다만 명사를 동사화한 형태로 나타난다. '좋은 소식'이 명사로서의 의미를 가진다면 '좋은 소식을 전하다'(good newsify)가 동사의 의미를 가질 것이다. 물론 이런 형태의 단어는 영어에 존재하지 않는다. '복음전도자'(evangelist)도 동일한 어근에서 나온 것으로 문자적으로 '좋은 소식을 전하는 사람'(a good newsifier), 즉 복음을 선포하는 설교자의 의미를 갖는다. 얼마나 고귀한 이름이며 부르심인가?

따라서 우리가 교회에서 들어야 할 메시지는 바로 복음이다. 하지만 우리는 복음을 소중한 것으로 여기고 거기에 귀 기울이지 않는다. 복음으로 보통 생각하는 것이 대개의 경우 훌륭한 조언에 그치고 있는 것이다. 아주 훌륭한 조언, 때로는 학문적으로 뛰어난 조언의 진정성이나 정통성에 대해 아무도 의심하지 않는다. 그러나 여전히 복음이 거의 담겨 있지 않은 조언에 불과한 것이다.

조언의 약점은 우리 자신이 약하다는 것에 있다. 훌륭한 조언에 대해 우리가 해야 할 말은 바울이 율법에 대해 "율법이 육신으로 말미암아 연약하여 할 수 없는"(롬 8:3)이라고 말한 것과 같다. 아무리 뛰어난 조언이라 해도 우리는 그것을 따라갈 도덕적인 능력을 갖고 있지 못하다. 어떤 경우이든 때늦은 조언이 될 때가 많다. 이런 단계에서의 조언은 소 잃고 외양간 고치는 것과 거의 차이가 없다.

기숙사에 들어갈 나이였던 때가 기억난다. 남편과 사별했던 나의 어머니는 성(sex)과 관련된 실제적인 인생의 문제를 점검해야 한다고 느끼셔서 내게 때마침 이에 관한 여러 경고의 말씀을 하셨다. 아버지는 돌아가셨고 그 일을 하실 분은 어머니 외에는 없었다. 어머니는 나를 방으로 데리고 가셨고 어색함을 감추기 위해 불을 끄신 채로 말씀하셨다. 친절하게 어머니는 훌륭한 조언을 하셨지만 그것은 이미 때 늦은 일이었다. 나는 벌써 어머니가 하시는 말씀이 무엇인지 알고 있었고 그 중 일부를 벌써 행하기 시작했다.

하지만 예수님이 우리에게 오실 때는 조언하기 위해 오시지 않는다. 그 대신 복음을 가지고 오신다. 예수님은 이것은 행하고 저것은 행하지 말라고 말씀하시지 않는다. 대신 "이미 그러한 일들을 저질렀구나. 그러나 나는 내게 좋은 소식을 갖고 왔다"라고 말씀하신다. 어떤 소식인가? 찰스 웨슬리(Charles Wesley)가 지은 찬송가사를 보라.

> 기쁜 소식이란 죄가 사하여 지며
> 지옥이 패배하고 하늘과는 화평케 되는 것

위대한 찬송가에 나오는 두 절의 가사는 복음을 가장 단순하게 요약한 것뿐이다. 복음의 위대한 말씀에 대해 연구한 나머지 부분은 복음의 충만함이 무엇인지를 살펴보는 것인데, 이는 틀림없이 당신의 숨을 멎게 할 것이다. 엎친 데 덮친 것과 같은 상황이어도 복음이 미치는 영역은 너무나도 넓어서 예수님은 앞서 모든 것을 위해 대가를 지불하시며 당신에게 "안심하라 네 죄 사함을 받았느니라"(마 9:2)라고 말씀하신다. 당신의 죄와 당신에게 일어나는 어떤 재난도 충격으로 다가올 수 있다. 하지만 그분에게는 전혀 그렇지 않다. 주님은 모든 것을 예상하시기 때문에 여러분을 위해 항상 복음을 준비하고 계시다.

이 모두가 죄인을 위한 것

사람의 인생 경력을 검증할 수 없고, 자신의 공적으로 삼을 만한 것이 거의 없으며, 자신에게 불명예스러운 일들이 많다는 사실이 그들을 향한 하나님의 호의에는 어떤 영향도 주지 않는다. 여전히 죄인으로서 사랑 받으며 회개할 수 있는 모든 기회와 격려가 주어진다. "우리를 사랑하사 그의 피로 우리 죄에서 우리를 해방하시고"(계 1:5)는 많은 사람들이 좋아하는 요한계시록 말씀이다. 이 구절은 주님이 우리 죄를 씻으시고 나서 우리를 사랑하신 것이 아니라 우리의 모습 그대로 사랑하시고 죄를 씻으셨다고 말씀하신다. 다시 말해 주님은 죄인들을 위한 복음을 가지고 오신 것이다.

이것은 위대한 소식이다. 이는 하나님 안에 존재하는 은혜, 자격 없는 자를 위한 호의를 가장 잘 정의한 것이다. 곧 이 주제를 한 장에 걸쳐 모두 다루게 되겠지만 지금은 세상의 모든 신학자가 있다 할지라도 "죄인들을 위한 복음"(원제는 *Good New for bad people*이다.-역주)이라는 제목보다 더 완전하게 은혜를 정의할 수는 없을 것이다. 좋은 소식은 보통 선한 사람들을 위한 것이라고 생각되기 때문에 처음에는 이 제목에 놀라게 될 것이다. 하나님이 죄인을 위해 좋은 소식을 갖고 있다는 말을 듣는 것은 기대와는 정반대되는 것이기 때문에 우리의 도덕적 가치관을 손상시킬 것 같다. 하지만 그런 것이 아니라면 예수님이 세상에 가져온 복음은 좋은 소식이라 할 수 없다. "은혜"라는 단어의 의미는 그런 것까지 포함하는 것이다.

선한 자들만을 위한 것이라면 결코 복음이라 할 수 없을 것이다. 그리고 하나님의 시각으로는 그런 부류에 속한 자는 아무도 없다. 성경은 "선을 행하는 자는 없나니 하나도 없다"(롬 3:12)라고 선포한다. 그러나 복음은 죄인을 위해 맞춤형으로 준비된 것이다. 그렇다면 우리 모두는 복음을 받기 위한 자격 조건을 갖추고 있다.

> 모든 믿는 자에게 미치는 하나님의 의니 차별이 없느니라 모든 사람이 죄를 범하였으매 하나님의 영광에 이르지 못하더니(롬 3:22-23).

죄가 인생에 들어오면 하나님은 단 하나의 목적에 관심을 가지신다. 그것은 바로 회복이다. 하나님은 죄인을 심리하는데 많은 관심을 두지 않으신다. 하나님이 추구하시는 것은 회복이다.

이 때문에 복음은 더욱 좋은 소식이 된다.

그리스도인을 위해서도

우리는 복음의 속성이 무엇인지 펼쳐보아야 할 것이다. 죄인들을 위한 복음은 죄인이 회심하게 될 때에도 여전히 유효하다. 회심한 사람들이 "악하다"는 말을 듣는 것이 어떤 이들에게는 낯설게 들릴 수 있다는 것을 알지만 그럼에도 불구하고 이 책의 독특한 제목(*Good New for bad people*)을 고수할 것이다. 그리스도를 구원자로 아는 사람들도 잘못된 행동을 하거나 잘못된 방식으로 반응할 수 있다. 또한 다른 사람들과 그릇된 관계에 있거나 자신의 잘못으로 인해 꼼짝하기 힘든 상황에 처하게 되는 것이 현실이다. 이것이 "악한" 것이 아니라면 무엇이 악한가? 내가 강조하고 싶은 것은 하나님은 그런 사람들을 위해서도 좋은 소식을 갖고 계시다는 것이다.

그리스도인이 실패할 때 그런 상황이 자신을 향한 그리스도의 인격적인 사랑과는 모순된다고 생각하게 되는 절망에 빠지는 일이 자주 있다. 이들은 회복이 늘 가능하고, 따라서 회개할 수 없을 만큼 늦은 때란 없으며 은혜가 침투할 수 없을 만큼 최악의 상태란 존재하지 않음을 확신해야 한다.

하나님은 그들이 회복될 수 있도록 여러 형태로 공급하실 뿐 아니라, 그들로 가장 큰 것에서부터 작은 것에 이르기까지 하나님의 공급을 받을 준비를 해야 한다는 것을 알아야만 한다. 또한 그리스도의 피만큼 우리를 더 완전하게 회복시킬 수 있는 것이 없다는 것을 확신해야 한다. 그렇기 때문에 더 큰 절망에 빠질 이유가 없다. 다윗이 통탄할만한 타락에 빠진 후 다시 하나님께 돌아갈 수 있는 길을 발견했을 때 "허물의 사함을 받고 자신의 죄가 가려진 자는 복이 있도다"라고 말했을 뿐 아니라 "여호와께 정죄를 당하지 아니하는 자는 복이 있도다"라는 말을 덧붙였다(시 32:1-2). 즉, 어떤 정죄도 당하지 않는다고 말하고 있다. 얼마나 놀라운 소식인가? 심지어 다윗은 "마음에 간사함이 없고"(시 32:2), 즉 "아무것도 숨긴 것이 없고"라고 덧붙인다!

자신이 악하다고 고백하는 죄인

앞으로 진행될 모든 이야기는 죄인이 자신의 악함을 고백한다는 조건을 함축하고 있다. 내가 죄인 중의 한 사람임을 고백하지 않는다면 복음을 받아들일 수 없기 때문이다. 복음을 통해 당신의 마음이 만져진다면 다른 어떤 것을 통해서도 위로받고 싶지 않을 것이다. 그렇지 않겠는가? 마음이 여전히 이중적이면서도 복음을 받아들이기 원한다면 여러분은 우리가 생각하는 것보다 하나님의 도움을 더 많이 필요한 사람들이다. 은혜의 소식이 효과를 발하고 우리 안에 있는 죄를 판단하는 자리로 인도하는 것은 바로 이런 조건에서다. 암시적인 조건이 명확하게 명문화된 조건보다 훨씬 더 설득력이 있을 때가 많다. 당신에게 주어진 소중한 소식인 "안심하라 네 죄 사함을 받았느니라"라는 말씀의 관점으로 볼 때 옳고 적절하다고 생각되는 일을 하는 것은 당신에게 주어진 몫이다. 이상할 정도로 그런 일을 자진해서 하려는 자신을 발견하게 될 것이다. 더군다나 죄인들을 위한 복음을 누리고 있는 다른 사람들과의 교제와 사랑을 나누게 되는데 이 모두가 복음이 죄인을 위한 것임을 증거하기 때문이다. 죄인이라는 특성 자체는 우리를 이 모든 것에서 배제시킬 것 같았지만 정반대로 소속감을 우리에게 준다는 것은 참으로 역설적이라 할 수 있다.

은혜를 받을만한 사람

이 짧은 영적 여정을 통해서 우리는 자신의 죄인됨을 기꺼이 인정하는 것이 하나님의 은혜를 받기 위한 자리에 있게 해준다는 즐거운 결론에 이르게 된다. 자격 없는 자를 향한 하나님의 호의, 즉 은혜에 이르게 되면 자신이 잘못되었다는 것을 인정하는 것이 어떻게 은혜의 자리에 있게 해주는지를 더 많이 알게 될 것이다. 하나님의 은혜는 옳은 자를 위한 것이 아니라 잘못된 자들만을 위한 것이다. 은혜는 본질상, 필요로 하는 은혜를 끌어내기 위한 명분을 내 안에서 찾을 필요가 없다. 만약 그렇다면 더 이상 은혜라고 할 수 없다. 깨어진 죄인의 자리에 서기만 하면 필요로 하는 모든 자격을 주기에 충분하다. 내가 옳다고 주장하면 은혜를 받을 자리에 있지 못하는 것이다. 내가 잘못되었다고 고백할 때만 가능하다. 그런 축복의 지위와 모든 것을 은혜로 받을 수 있다니 얼마나 기쁜 일인가?

나는 최근에 18세기 웨슬리 시대의 부흥에 대한 기록을 다시 읽게 되었는데, 이는 복음이라는 관점에서 회개에 대한 부르심을 새롭게 이해하는 계기가 되었다. 찰스 웨슬리는 형제인 존 웨슬리보다 조금 앞서서 회심하고 하나님과 화목하게 되었다. 분명히 처음에는 빠르게 진보하고 더 많은 열정과 확신으로 달음질 했을 것이다. 찰스 웨슬리는 즉시로 모든 사람들에게 복음을 전하기 시작했고 강단에서 죄인을 위한 은혜를 새롭게 발견한 것을 나누었다. 그는 어떤 집회에서 모인 사람들 중 누군가에게 이렇게 말했다.

제가 여러분께 묻습니다. "여러분은 저주 받을 자입니

까?" 플랫 여사가 아주 단호하게 소리쳤습니다. "네, 저는 저주받아 마땅한 사람입니다!"

플랫 여사가 누구이며 그 후에 어떤 일이 일어났는지 우리는 그가 기록한 일기에서 찾을 수 없다. 하지만 나는 그녀가 복음이 어떤 것인지 이해했기에 은혜를 받을 자격이 되며 주 예수 안에서 기쁨을 누리기 시작했을 것이라고 확신한다.

하나님의 말씀 깊은 곳에서 길어지는 은혜의 주제가 이렇게 시작된다. 복음은 죄인을 위한 것이다. 악한 사람이 회심하면, 즉 자신의 악함을 정직하게 인정하기만 하면 전에는 알지 못하던 하나님의 은혜, 구원, 부흥의 복을 얻는다.

얼마나 놀라운 역설인가? 은혜의 학교에서는 모든 것이 사람이 기대하는 것과는 다르다. 먼저된 자가 나중되고 나중된 자가 먼저된다. 그렇다면 하나님이 죄인들을 위한 복음을 선포하신다는 사실이 그리 놀라운 것은 아니다. 복음이 이와 같다는 것을 나는 배우고 있고 교회의 부흥은 바로 이와 같은 하나님의 방식 위에 있는 것이다.

세 부류

 이 장을 마무리하면서 독자들에게 개인적인 적용을 해보고 싶다. 나는 사람은 세 부류로 나눠진다고 생각한다. 당신이 어느 그룹에 속하는지 판단해 보면 도움이 될 것이다. 그러한 자기 진단은 새로운 삶의 출발점이 될 수 있다.

 첫 번째 부류는 자신이 죄인인지 모르는 이들이다. 대부분은 교회에 다니는지의 여부와는 상관없이 자신을 죄인으로 생각하지 않는다. 우리는 자신의 생활 방식이나 행위가 어떠하든 자신을 합리화하는 방법을 찾으려한다. 사람은 도덕적 존재여서 자신이 전적으로 악한 자라는 것을 알게 될 때 도저히 살아갈 수 없다. 따라서 자기합리화는 모든 사람들의 삶에 있어서 자연스러운 부분을 차지한다. 인간은 오랫동안 자기기만을 해왔기 때문에 결국 자신이 한 거짓말을 믿게 되었고 자신이 본질적으로 악하지 않다는 꽤나 진지한 믿음을 갖게 되었다. 종교적일 수 있다는 사실은 자신에 대한 좋은 의견을 강화할 뿐이다. 하나님은 모든 인간을 다루실 때 바로 그 지점에서 시작하신다. 하나님은 인간 자신이 죄인이라는 깊은 진실을 확신할 방법과 수단을 찾으셔야만 한다. 하나님이 이런 일을 수행하시는 방식은 다양하다.

 하나님은 이사야 선지자에게 스랍 천사가 예배하는 가운데 보좌 주위에서 자신의 눈과 발을 가렸던 환상을 보게 하심으로 그런 일을 행하셨다. 이사야는 자신보다 훨씬 능력과 힘이 강한 피조물의 가장 큰 관심이 하나님 앞에서 자신을 숨기는 것임을 발견하게 되었다. 이런 관점에서 이사야는 지금까지의 자신의 가장 큰 관심이 스스로를 드러내는 것임을 알게 되었다. 그는 "남들이 자신을 보고, 자신을 알아주고, 자신의 이야기를 듣는 것"이 삶의 질서였다는 것을 깨달았다. 짐작컨대 이사야가 "그때에 내가 말하되 화로다 나여 망하게 되었도다 나는 입술이 부정한 사람이요 나는 입술이 부정한 백성 중에 거주하면서 만군의 여호와이신 왕을 뵈었음이로다"(사 6:5)라고 깨어진 마음으로 고백적인 기도를 하게 된 것은 스랍 천사가 자신을 숨기는 것을 보았던 때였을 것이다.

하나님은 각 사람에게 스스로가 누구인지를 보이시기 위한 여러 가지 방법을 갖고 있다. 그때까지 우리는 자신에 대한 진실을 모른 채 살아간다. 잘못된 어떤 것도, 각성해야 할 이유도 찾을 수 없다고 해서 그것이 아무런 잘못이 없다는 것을 의미하지는 않는다. 그것은 우리의 눈이 멀었다는 것을 의미하는 것이다. 이 사실은 무엇보다 우리가 "주님, 저희의 어두운 눈을 고쳐 주십시오"라고 고백해야 할 충분한 조건이 된다.

두 번째 부류는 선해지려고 노력하는 죄인들이다. 선하게 되려는 노력이 아무리 진실되고 그 노력의 방향이 어디를 향해 있든 하나님과의 관계를 회복시키고 개인의 경험을 변화시키려는 그들의 소망은 헛된 것이다. 성경은 이들이 하늘에 이를만큼 선하게 되리라는 기대를 못하게 한다. 대신에 선해지려고 노력했던 바울이 "내가 원하는 바 선은 행하지 아니하고 도리어 원하지 아니하는 바 악을 행하는도다"(롬 7:19)라고 말하고 결국 "오호라 나는 곤고한 사람이로다. 이 사망의 몸에서 누가 나를 건져내랴"(롬 7:24)라는 고백에 이른 것을 보게 된다.

만약 바울의 고백이 자신의 경험이 아니라면 그 이유는 그 정도까지 강한 시도를 하지 않았기 때문이다. 시도에 시도를 거듭하지 않으면, 누구도 시도를 통해 화평에 이를 수 없다는 것을 깨닫지 못할 것이다. 그렇게 한 후에야 우리의 노력으로는 그 단계에 이르지 못함을 알게 된다. 죄인이 선해지려고 애쓰는 것은 천국을 잃어버리는 가장 확실한 길이다.

예수님은 스스로 시도하는 것을 멈추게 하는 분이다

세 번째 부류는 성령의 역사를 체험하는, 즉 자신의 악함을 하나님께 겸손히 고백하며 상황을 변명으로 내세우지 않는 사람들이다. 하나님 앞의 심판대 앞에서 이들을 위해 대변하는 오직 한 분이 계시다. 그런 자세를 취하는 사람들은 즉시로 예수님이 전하시는 복음과 그들의 죄를 덮고도 남을 은혜를 받을 수 있게 된다. 그들에게 예수님은 자신의 시도를 끝내는 것과 새로운 발견이 시작되는 것을 의미한다. 부족한 채로 주님께로 달려가며 예수님이 그들에게 필요한 모든 것이 된다. 다시 말해 예수님이 전기 스위치를 켜시는 것과 같다. 어떤 사람들을 이를 중생이라고 부른다. 이미 중생했지만 첫 사랑을 떠난 사람들(계 2:4)은 이를 부흥이라고 부른다.

Good News for Bad People

제2장 | 죄인을 위해 오신 예수

²¹아들을 낳으리니 이름을 예수라 하라 이는 그가 자기 백성을 그들의 죄에서 구원할 자이심이라 하니라(마 1:21).

¹⁴그러므로 주께서 친히 징조를 너희에게 주실 것이라 보라 처녀가 잉태하여 아들을 낳을 것이요 그의 이름을 임마누엘이라 하리라(사 7:14).

¹⁹아버지께서는 모든 충만으로 예수 안에 거하게 하시고(골 1:19).

복음에 나타나는 위대한 말씀, 그 중 가장 위대한 말씀으로서 처음이신 예수님과 함께 시작하려고 한다. 실제로 신약에서는 예수님을 말씀이라 부른다.

> 태초에 말씀이 계시니라 이 말씀이 하나님과 함께 계셨으니 이 말씀은 곧 하나님이시니라(요 1:1).

얼마나 놀라운 칭호를 가지신 분인가? 왜 이런 칭호를 가지고 계신가? 말이라는 것이 생각의 산물이며 정확한 표현이 되는 것과 마찬가지로 예수님의 하나님의 아들이자 하나님을 정확하게 나타내는 분이시기 때문이다.

> 이는 하나님의 영광의 광채시요 그 본체의 형상이시라 (히 1:3).

들을 수 없고, 만질 수도 없는 하나님은 예수님 안에서 표현되고 듣고, 보고, 만질 수 있게 된다. 사도들은 우리를 위해 그런 기록을 다음과 같이 남겨 놓았다.

> 태초부터 있는 생명의 말씀에 관하여는 우리가 들은 바요
> 눈으로 본 바요 자세히 보고 우리의 손으로 만진 바라…
> 우리가 보고 들은 바를 너희에게도 전함은(요일 1:1, 3).

위대하고 영광스런 이런 예수님이 죄인에게 필요한 전부가 되신다는 것이 복음의 내용이다. 이를 믿을 수 있겠는가? 예수님은 죄인을 위해 육신으로 오셨고 죄인을 위해 죽으셨다. 그리고 죄인을 위해 다시 살아나시고 죄인을 위해 지금은 하나님의 임재로 함께 하신다. 예수님이 죄인들의 죄 때문에 이 땅에 오셨으며 이 때문에 그들에게 속한 자가 되신다. 자신의 죄를 진정으로 인정하고 회개한다면 예수님이 그들의 구주가 될 자격을 갖게 된다.

이름에는 무엇이 담겨 있는가?

이 비상한 은혜는 하나님의 예정에 의해 예수님에게 주어진 특별한 이름 안에 드러난다. 셰익스피어는 "이름에 무엇이 담겨 있는가? 다른 어떤 이름으로 장미를 칭한다 해도 장미에서는 달콤한 향기가 날 것이다"라고 말했다. 하지만 성경에서는 그렇지 않다. 성경에 나오는 이름들은 매우 진지하게 다루어진다. 성경

에 나타나는 이름은 대부분 그 이름을 가진 사람의 성품과 삶을 묘사한다. 그래서 아이의 이름을 짓는 것은 예언적인 성격을 자주 지니게 된다. 이는 예수님에게도 분명히 해당되는 것이며 더욱 심오한 의미를 가진다. 예수님의 호칭이 아니라 이름에 대해 생각하는 것이다. 그리스도는 메시아를 의미하는 그분의 호칭이다. 그러나 예수님의 이름은 상당히 다른 의미를 가진다.

성경에는 예수님에게 주어진 이름이 실제로 두 개가 있다. 첫째는 천사가 마리아의 남편인 요셉에게 계시한 것이다.

> 네 아내 마리아 데려오기를 무서워하지 말라 그에게 잉태된 자는 성령으로 된 것이라 아들을 낳으리니 이름을 예수(JESUS)라 하라 이는 그가 자기 백성을 그들의 죄에서 구원할 자이심이라 하니라(마 1:20-21).

예수라는 그 이름은 말로 설명할 수 없을 정도로 특별하다. 예수 이름의 'JE'는 'Jehovah'의 약자로 불타는 덤불에서 모세에게 계시된 이름으로 스스로 존재한다(I AM)는 의미를 가진다. 그리고 'SUS'는 구원자라는 의미를 가지는 또 다른 히브리 단어의 약자이다. 그렇게 해서 예수(Jesus)라는 이름이 되는데 이는 여호와 구원자(Jehovah Savior)라는 의미를 가진다. 그렇게 이름을 짓는 이유를 나타내는 문장이 곧 이어 나온다. 바로 이름을 주해한 내용이다. "이는 그가 자기 백성을 그들의 죄에서 구원할 자이심이라 하니라." 다시 말해 예수님은 구약에서 여러 다른 형태로 나타나신 여호와와 동일하신 분이며 이제 신약에서는 죄로부터 우리를 구원하실 능력을 가진 분으로 오신 것이다. 구원자라는 의미가 예수님의 이름 안에 담겨 있는 이유는 자기 백성을 죄에서 구하시는 것이 그분의 사역이며 부르심이기 때문이다. 그는 백성들의 의로움에 대해서 상주시겠다는 것이나 그들이 죄인이 되지 않도록 구해주시는 것이 아닌, 자기 백성을 그들의 죄에서 구원하시겠다고 약속하신다. 죄는 이미 그들 가운데 있다. 주님은 잃어버린 자뿐 아니라 자기 백성 또한 구원하신다. 분명 주님의 백성들도 죄가 있으며 주님의 구원사역은 그들도 포함한다. 주님의 이름은 자기 백성을 죄에서 구원하시는 전문가시라는 것을 나타내며 이는 그들에게 큰 위로가 될 것이다.

하지만 고백할 만한 죄가 없어서 회개하지 않아도 된다고 생각한다면 그러한 근거 없는 자기 의로 인해 구원자로서의 예수의 이름을 사라지게 하는 결과만이 나타날 것이다. 그런 경우를 실제로 보게 된다. 하지만 자신에게 죄가 있고 그 죄가 무엇인지 거론할 수 있을 뿐 아니라 더 이상 그것에 대해 아무 일도 할 수 없다는 것을 안다면 예수는 당신이 필요로 하는 구원자의 이름이 된다. 예수에게 가서 "오 주 예수님, 저와 제 인생에 참된 구원자가 되시옵소서"라고 말하라. 예수님은 그 이름의 의미를 성취하는데 실패하시지 않을 것이며 당신에게 그분의 능력을 보이실 것이다. 그에게 죄를 고백하기만 하라 그러면 예수님께서 그 죄로부터 당신을 구원할 것이다.

스펄전(C. H. Spurgeon)은 "이는 그가 자기 백성을 그들의 죄에서 구원하실 자이심이라"는 본문을 다룬 영광스런 설교에서 이렇게 말하고 있다.

> 주님이 백성들과 하나 되시는 것은 그들의 죄로 인한 것이라는 은혜롭고도 놀라운 사실을 주목하라…내 영혼과 그리스도가 맨 처음 연결되는 고리는 나의 선함이 아니라 나의 악함이다. 나의 공로가 아니라 나의 비참함이다. 내가 서 있어서가 아니라 내가 실패하여 넘어졌기 때문이다. 나의 부함이 아니라 나의 곤궁함이다. 주님은 자기 백성을 찾아오신다. 하지만 그들의 아름다움을 찬미하기 위해서가 아니고 그들의 죄를 용서하기 위해서다.

그러므로 여러분의 필요를 위해 힘을 내어 놀라운 이름을 가진 그분을 믿음으로 붙들어야 한다.

두 번째 이름

동일한 구절에서 그분의 두 번째 이름이 나타난다.

> 이 모든 일이 된 것은 주께서 선지자로 하신 말씀을 이루려 하심이니 이르시되 보라 처녀가 잉태하여 아들을 낳을 것이요 그의 이름은 임마누엘이라 하리라 하셨으니 이를 번역한즉 하나님이 우리와 함께 계시다 함이라(마 1:22-23).

이는 구약의 동정녀에 대한 유명한 예언을 신약에서 인용한 것이다. 히브리인들은 임마누엘의 의미가 무엇인지 알고 있었을 것이다. 하지만 마태는 히브리어를 알지 못하는 이방인들을 염두에 두고 있었을 수도 있다. 그래서 그들을 위해 히브리어를 번역했을 것이다. 이렇게 임마누엘을 번역한 것이 '하나님이 우리와 함께 계시다'이다.

이것이 바로 하나님이 늘 원하셨던 것이다. 그것은 하나님이 창조하셨으나 이제는 하나님과 멀리 떨어지게 된 사람들과 함께 하는 것이다. 하나님은 모세에게 광야에서 성막을 세울 것을 지시하셨다.

> 이스라엘 자손에게 명령하여 내게 예물을 가져오라 하고…내가 그들 중에 거할 성소를 그들이 나를 위하여 짓되(출 25:2-8).

 광야시절의 성막은 인간과 함께 하시려는 하나님의 오랜 숙원의 상징이며 어느 날 그것을 성취하시겠다는 예언인 것이다. 욥기에서 말씀하는 것처럼 이것도 늘 인간이 원했던 것이다.

> 내가 어찌하면 하나님을 발견하고 그의 처소에 나아가랴(욥 23:3).

 사람은 가까이에 있는 하나님을 원했다. 이는 하나님을 만나기 위해 사람이 하늘로 올라갈 필요도 없고 혹은 깊은 곳으로 내려갈 필요도 없기 때문이다. 이사야는 처녀에게서 난 아들에 대한 예언에서 여호와는 바로 그런 하나님이며 상징적인 형태가 아닌 실제적으로 그러하실 것이라 말한다. 처녀가 낳게 될 아들 안에서 하나님은 인간과 함께 거하실 것이기 때문에 그의 이름은 임마누엘이 되었다. 우리가 이미 살펴본 것처럼 하나님이 우리와 함께 하시다는 의미이며 우리 수준에 맞게 우리와 임재하심을 말한다. 이 분이 예수님이다. 내가 소개하는 예수님은 "우리와 함께 하시는 분", "우리가 다가갈 수 있는 분"이다. 다시 말해 하나님을 만나려고 스스로 노력하여 더 높은 곳으로 올라갈 필요가 없다. 왜냐하면 예수님 안에서 하나님은 이미 이 땅에 오셨기 때문이다. 반대로 강요된 겸손을 통해 깊은 곳까지 내려갈 필요가 없다. 이미 예수님 안에서 하나님은 우리가 낮아지기 전에 우리를 만나러 올라 오셨기 때문이다. 하나님은 당신의 존재 그대로, 당신이 있는 그곳에서 만날 수 있는 분이다. 이는 물리적인 것뿐 아니라 도덕적으로 그렇다. 예수님은 죄인 한 사람, 한 사람을 구원하시는 분이다. 그렇다 어떤 사람은 이를 "길거리에서 만나는 은혜의 메시지"라고 말한다. 이는 스스로 아무 것도 할 수 없는 우리 같은 사람들에게 기쁜 소식이 된다.

흥미롭게도 조지 휫필드(Goerge Whitefield)의 일기를 보면, 그가 예수님 보다는 임마누엘이라는 이름을 선호하는 것을 보게 된다. 휘필드는 예수님을 자주 임마누엘로 부른다. 예수님을 통해 직접 마주치는 은혜의 메시지는 실제 경험 속에서 예수님을 붙드는 것이며 자신의 심령을 복되게 하려는 것임을 추론할 수 있다. 그렇다면 우리도 이런 수많은 은혜의 경험을 통해 기쁨으로 노래할 수 있을 것이다.

> 임마누엘, 임마누엘,
> 그의 이름은 임마누엘,
> 하나님이 우리와 함께 계시며,

우리에게 다가 오셨으니

그는 임마누엘이라

예수와 임마누엘, 이 두 이름이 가까이 붙어 있는 것은 두 이름이 거의 동의어나 다름 없음을 나타낸다. 예수는 자기 백성을 죄에서 구원할 뿐 아니라 그들과 가까이 하시는 분이다. 사람은 간청한 적이 없지만 예수님은 인간의 편에서 그들의 필요가 되시고 주님의 편에서 그의 피를 흘리셨다. 예수님은 죄가 있는 곳에서 죄를 다루시는 전문가가 되시며 계속적으로 일하시지만 충격을 받으시거나 패배하지 않으신다. 예수님 자신이 죄에 대한 완전한 대답을 갖고 계시기 때문이다.

예수님은 죄에 대해 하나님이 주시는 치료책과 놀라운 구속을 가져오시는 분이다. 예수님은 죄를 다루시는 최고의 의사이며 이로 인한 명성을 갖고 계시다. 예수님은 여러 선한 그리스도인들 때문에 유명하신 것이 아니다. 우리 중 아무도 그럴 자격이 없지만 예수님은 우리를 품으시며 죄인을 구원하시고 그들의 범죄를 용서하신다. 흐트러진 것을 깨끗케 하시고 관계를 회복시키신다. 충만한 생명력을 텅 빈 가슴에 채우신다.

피조물에 나타나는 예수님의 능력이 위대한 것처럼 ("만물이 그로 말미암아 지은 바 되었으니 지은 것이 하나도 그가 없이는 된 것이 없느니라" 요 1:3) 은혜의 영역에 나타나는 예수님의 능력은 더욱 위대하다. 예수님은 죄를 용서할 뿐 아니라 어떤 상황 속에서 흠 있는 그릇을 다른 그릇을 구원하기 위한 수단으로 만드신다. 토기장이이신 하나님은 그런 방법을 통해 사람이 회개에 이르도록 하신다(렘 18:4).

예수 안에 있는 모든 충만

골로새서보다 성도에게 다가가시는 그 가까움과 예수님의 충만함에 대한 완전한 그림을 보여주는 성경은 아마도 없을 것이다. 골로새서에서 3개의 다른 구절을 뽑아서 순서대로 나열해 본다.

첫 번째는 골로새서 1:19이다.

> 아버지께서는 모든 충만으로 예수 안에 거하게 하시고
> (골 1:19).

"충만"으로 번역된 단어는 부족한 것을 채우고 완전하게 한다는 것이다. 다시 말해 이 구절은 그리스도인의 삶 가운데 부족한 것을 위해 하나님이 공급하시는 평안, 능력, 기쁨, 승리, 영적인 능력과 다른 여러 가지 것들이 그리스도 안에 있는 자에게 머물게 하신다는 선포이다. 어느 정도로 충만케 하신다고 말씀하

는가? 모든 충만으로 충만하게 하신다. 그리스도를 떠나 어떤 것을 구하려고 돌아다니지 않아도 됨을 의미한다. 다시 말해 하나님은 모든 곳에서 죄인들이 충만함을 얻을 수 있게 하신다. 나와 같은 실패한 성도들을 위해서이다. 이 말씀은 너무나도 좋은 소식이다.

따라서 예수 그리스도와 별도로, 혹은 그 위에 더해진 것으로 성령의 은사나 축복의 경험을 구하는 것은 잘못된 것이다. 하나님은 나를 위해 예수님 안에 모든 것을 두셨다. 우리가 종종 헛되이 구하는 것은 그러한 이유 때문이다. 예수님 자신이 우리에게 필요한 모든 것이 되시고 우리가 해야 할 일은 우리에게 부족한 것이 무엇이든 그분께 고백하는 것이다. 숨어버리거나 부족한 것 때문에 변명하지 말라. 자신의 노력으로 부족함을 보충하려는 시도는 더욱 하지 말라. 공허함을 고백하는 것은 은혜 가운데 충만함으로 이르는 영원한 길이 된다. 부족한 것을 감추려 하지 말고, 스스로의 노력으로 그것을 채우려고도 하지 말라. 그저 그것을 그분께 고백하라. 이는 아무것도 가지지 못한 자의 심정으로 뒷문으로 들어오는 것과 같다. 그러면 우리는 믿음으로 은혜의 새로운 경험을 노래할 수 있다.

> 예수는 나의 모든 필요가 되시네
> 그분만이 나의 모든 간구가 되시며

나의 모든 필요가 되시네

지혜와 의와 능력

바로 이 순간 임하는 그분의 거룩

충만하고도 확실한 나의 구속

예수는 나의 모든 필요가 되시네

가까이 계신 그리스도

두 번째는 골로새서 1:26-27이다.

이 비밀은 만세와 만대로부터 감추어졌던 것인데 이제는 그의 성도들에게 나타났고 하나님이 그들로 하여금 이 비밀의 영광이 이방인 가운데 얼마나 풍성한지를 알게 하려 하심이라 이 비밀은 너희 안에 계신 그리스도시니 곧 영광의 소망이니라(골 1:26-27).

상황을 살피지 않고는 이 구절을 이해하지 못할 것이다. 여기에서 바울이 언급하는 것은 이방 그리스도인들이 유대 그리스도인들과 동등하게 그리스도의 몸에 포함된다는 사실이다. 이는 쌍둥이 서신이라고 할 수 있는 에베소서에 더 자세하게 기술

되는 주제이다. 바울은 이방 그리스도인에게 골로새서를 전하고 있으며 그들을 이렇게 격려하고 있다.

> 하나님이 그들로 하여금 이 비밀의 영광이 얼마나 풍성한지를 알게 하려 하심이라 이 비밀은 너희 안에 계신 그리스도시니 곧 영광의 소망이니라(골 1:27).

이 비밀은 구약에는 나타나지 않고 심지어 사복음에서도 드러나지 않다가 사도 바울을 통해 계시된 비밀을 말한다. 이는 사도 바울에게 위탁되어 그를 "이방인의 사도"로서 불리게 한 특별한 계시이다. 그때까지 이방인은 "이스라엘 나라 밖의 사람이며 약속의 언약들에 대하여는 외인"이다. 이스라엘은 그들을 그렇게 여겼으며 이방인들도 자신에 대해 동일하게 생각했다. 하지만 "만세와 만대로부터 감추어졌던" 비밀이 전례가 없이 아주 놀라운 방식으로 유대인과 이방인 모두에게 계시되고 있다.

그렇다면 그 비밀이란 무엇인가? 그것은 "너희 안에 계신 그리스도 곧 영광의 소망"이다. 우리들 대부분은 이 구절이 모든 신자 안에 거하시는 예수 그리스도를 지칭하는 것으로 생각한다. 하지만 KJV에서는 "너희 안에"(in you)라는 표현을 "너희 가운데"(among you)로 읽고 있다. 이는 "안에"(in)라는 단어가 "가운데"(among)로도 번역될 수 있다는 것을 의미한다. 이는 상황에 따라

어떤 해석을 옳게 보는가에 달려 있으며 상황적으로 "가운데"라는 단어를 더 선호했다는 것은 의심의 여지가 없다. 그렇다면 이 구절은 "영광의 소망으로서 너희 중에 (다시 말해 언제든지 주님께로 다가갈 수 있는) 계신 그리스도"라는 의미가 되는 것이다. 그러면 본문 속의 "너희"는 누구인가? 물론 이방인들이다. 그렇게 하는 것이 전체 상황에 가장 잘 들어맞고 이전에는 드러나지 않은 비밀이 바로 예수 그리스도이며 이스라엘의 성도들만큼이나 영광의 확실한 소망되신 주님께 이방인들도 언제든 다가갈 수 있는 특권이 있음을 의미한다.

이 구절은 다른 여러 구절에서 가르치는 것처럼 그리스도의 내주하심을 이야기하는 것이 아니라 정상적인 자격조건을 갖추지 못한 이방인들도 하나님의 기름부음 받은 자에게 다가갈 수 있음을 말하는 것이다. 이방인은 개종을 하고 할례를 받은 후에 입양을 통해 유대인이 되어야 자격을 갖추게 된다. 하지만 예수님은 할례의 유무와 상관없이 이방 그리스도인들이 언제든 나아갈 수 있는 분이다. 이는 좁은 의미에서의 이방인뿐 아니라 배경, 교육, 혹은 빈약한 영적 상태로 인해 스스로 축복과 교제를 누리기에는 부적격자라고 여기는 오늘날의 사람들에게도 해당된다. 자신의 공로와는 상관없이 죄인으로서 이들은 예수님께 나아갈 수 있다. 원한다면 공로를 쌓으려는 시도를 할 수 있겠지만 그것으로 인해 당신의 상황이 조금도 개선되지는 않는다. 자신의 부족을 고백하는 것이 훨씬 나은 것은 그렇게 함으로써 영광의 확실한 소망으로서 낮은 곳에 죄인을 찾아오시는 예수님을 만나게 될 것이기 때문이다.

영광의 소망이라는 마지막 단어가 중요하다. "소망"이라는 말은 항상 의심이라는 요소를 함축하는 것처럼 보인다. 그런데 "소망"으로 번역된 헬라어 단어는 의심의 어떤 요소도 포함하지 않는다. 그것은 변치 않는 확신을 의미하며 지상에서의 삶이 끝날 때 영광에 이르게 될 확신을 의미한다. 그곳에서 더 행복할 것이지만 지금보다 더 안전하거나 더 확실한 것은 아니다. 왜냐하면 하나님의 약속은 거짓되지 않으며 영원한 구원을 보장하는 것이기 때문이다. 예수님은 구원의 확실한 소망이시다. 우리에게 소망의 확신이 되실 뿐 아니라 다른 모든 것도 그러하다. 평화의 소망, 승리의 소망, 부흥의 소망이 되시는 분이다.

예수님 안에서 완전해 지는 것

세 번째 구절은 골로새서 2:9-10이다.

> 그 안에는 신성의 모든 충만이 육체로 거하시고 너희도
> 그 안에서 충만하여졌으니 그는 모든 통치자와 권세의

머리시라(골 2:9-10).

자신의 상태에 대해 정직함으로 예수님께 나아갈 때, 그분은 나를 영접하실 뿐 아니라 나 역시 그분 안에서 완전해지게 된다. 본문이 그렇게 말하고 있다. 사람들이 즐겨 부르는 찬송가에서 이렇게 노래한다. "나 주의 것 주 내 것이 영원히 되시므로 부족함이 전혀 없네". 예수님 외에는 어떤 것도 필요하지 않다. 그리스도인이 더 많은 권력이나 다양한 은사를 가지게 되면 완전해질 것이라 생각한다면 그것은 잘못된 것이다. 자신이 속한 곳의 사람들이 표적이나 기적을 구하는 것도 마찬가지이다. 어떤 사람들은 위와 같은 경험을 할 수도 있겠지만 그러한 경험을 추가적으로 구하는 것은 예수님과 은혜와 회개로부터 멀어지게 할 수도 있다. 반면에 죄인의 모습 그대로 예수님과 그 피의 은혜를 구할 때 우리는 예수님 안에서 충만해진다. 자신이 여전히 영적으로 메말라 있고 냉담해져 있다고 생각될 때 부가적이고 흔치 않은 어떤 것을 구하려 하는 것은 옳지 않다. 오히려 하나님이 행하시는 죄에 대한 판결에 마음을 더 열어두고 구체적인 회개와 함께 죄를 씻기는 보혈의 능력(이에 대해서는 이후의 장에서 다루게 된다)을 확신하면서 모든 충만이 있는 하나님, 우리를 완전하게 하시는 하나님께로 더 깊이 들어가라는 주님의 부르심으로 생각하는 것이 옳을 것이다.

복음의 소망으로부터 떨어져 나가지 말라

이제는 골로새서에서 "복음의 소망에서 흔들리지 아니하면 그리하리라"고 말씀하시는 부분에 대해 말하려 한다(골 1:23). 만약 흔들릴 위험성이 없다면 바울이 그런 말은 하지 않았을 것이다. 실제로 그들은 복음의 소망에서 벗어나 흔들리고 있었고 2장에서 자세히 기술하는 네 가지 문제에 있어서 그러했다. 그들이 강조한 네 가지 문제가 중심에 계신 예수님을 대체해 버렸다. 지금 그것들을 자세히 살펴볼 필요는 없다. 초대교회 이후로 지금까지 그리스도가 중심이 되는 자리에서 교회가 이탈하는 경향은 늘 존재했다. 그리스도가 중심에 있든 그렇지 않든 둘 중의 하나이다. 에베소서에서 바울이 이 문제와 씨름하는 것을 보게 된다.

> 이는 우리가 이제부터 어린 아이가 되지 아니하여…범사에 그에게까지 자랄지라 그는 머리니 곧 그리스도라(엡 4:14-15).

그리스도인들이 최신의 유행, 교리, 강조점, 방법론에 몰입하거나 그것들을 중심부에 둔다면 그들은 장난감을 갖고 노는 성장해야 할 필요가 있는 어린 아이와 같은 것이다. 이는 진보된 영성이 아닌 성숙하지 못하다는 것을 보여주는 슬픈 증거이다.

교리의 다른 바람이 불 때
배는 어딘가로 출범한다
하지만 나는 만족한 상태로
갈보리의 외로운 언덕으로 향한다
다른 이들은 더 큰 능력을 부르짖고
놀라운 은사를 구하지만
내가 매 시간 구하는 것은
그리스도를 알고 그리스도와 함께 하는 것이다

다른 이들이 강력한 표적과
목격했던 기적을 이야기할 때
주님은 밝은 빛 안에 나를 두시고
나의 부정한 곳을 밝히 보여 주신다

죄인에게 은혜가 임하여
회개하는 마음으로 갈보리로 올 수 있기를
그리스도를 얻는 것이 나의 유일한 목적이자
그리스도가 나의 유일한 선이다

갈보리에서 하나님의 사랑
그리스도의 사랑이 내게로 흘러 온다

교리의 어떤 바람도

열매 맺는 나무에서 나를 제하지 못한다

두려워할 필요가 없다

내게는 친근한 위로자가 계시기 때문이다

그가 내게 그리스도를 보이시며 죄를 보이신다

속죄소를 보이신다

합당하신 어린 양을 찬양하는

구속된 자들이 부르는 그 노래를 부르며

피로 씻기워진 무리들이

그들의 왕에게로 모여든다

— 케네스 모이나 박사(Dr. Kenneth Moynagh)

생수의 근원 혹은 터진 웅덩이

그리스도에게서 벗어나는 일들이 너무 만연하여 독자들도 부지불식간에 이런 일을 행하고 있을 가능성이 있다. 그래서 나는 예레미야가 선포했던 메시지를 나누려 한다. 그때만큼이나 이 메시지는 지금 우리에게도 적실성을 갖는다.

> 내 백성이 두 가지 악을 행하였나니 곧 그들이 생수의 근원되는 나를 버린 것과 스스로 웅덩이를 판 것인데 그것은 그 물을 가두지 못할 터진 웅덩이들이니라(렘 2:13).

예레미야가 고발하는 첫 번째 죄악은 "생수의 근원되는 나를 버린 것"이다. 예수님은 자신을 생수의 근원이라 부른다. 예수님은 사마리아 여인에게 "내가 주는 물을 마시는 자는 영원히 목마르지 아니하리니 내가 주는 물은 그 속에서 영생하도록 솟아나는 샘물이 되리라"고 말씀하신다. 그리스도인이 사소한 강조점이나 방법론 혹은 다른 어떤 것을 중심부에 두면 생수의 근원되시는 예수님을 버리는 죄를 짓는 것이다. 이는 내가 직접 경험한 것이기 때문에 알 수 있다. 내가 그랬던 것처럼 어떤 비용을 감수하더라도 그것을 깨달아야 한다.

예레미야가 고발하는 두 번째 죄악은 생수의 근원을 자신들이 만든 웅덩이로 대체하여 스스로에게 중대한 해를 입힌 것이다. 이는 자신에게 가한 또 다른 세 가지의 악으로 나눌 수 있다.

생수의 근원을 웅덩이로 대체하면서 물의 근원 대신 그것을 기껏해야 담기만 할 수 있는 웅덩이로 바꾸어 버렸다. 농부는 자신이 만든 괜찮은 물웅덩이나 저수지가 최근에 내린 비로 가득 차 있을 때 보통의 봄 시기 보다는 더 안전하다고 느낄 수 있다. 하지만 물웅덩이는 물을 담는 장소에 불과하다. 근원이 아니다. 예수님만이 유일한 근원이다. 다른 모든 것은 물웅덩이에 불과하다.

그래서 큰 노력과 땀을 흘렸다는 이유로 아무런 대가나 노력 없이 우리에게 주어진 그분을 우리는 버렸다. 우리 자신을 그리스도로부터 분리시켜 물웅덩이로 만든 것이다. 그리스도를 대체하는 모든 것은 자신의 노력, 공로, 분투를 동반한다. 성령의 공급이 예수님 안에서 돈도 값도 없이 우리에게 주어질 때 이런 스스로의 노력들은 우리를 거의 죽게 만들 수도 있다. 이 사실을 알았다면 성령은 믿음에 대한 보상으로서가 아니라 우리의 약함을 인정한 것에 대한 하나님의 선물로서만 주어졌을 것이다. 그리고 성령은 실패하시지 않았을 것이다. 하지만 믿음에 대한 보상으로서 성령을 받으려 한다면 여기에는 그리스도와 분리되어 시도하는 많은 노력이 틀림없이 수반될 것이다.

마지막으로 말하려는 것은 곧 터져 버려 물을 담을 수 없는 웅덩이 때문에 영원히 우리를 저버리지 않을 생수의 근원을 우리가 포기했다는 사실이다. 생수의 근원은 그리 멋져 보이지 않지만 농부는 그것이 가뭄에서도 마르지 않는 것을 발견하게 되었다. 하지만 우리가 소유하고 있는 웅덩이는 곧 균열이 생겨 실망스러운 결과로 이어지게 되었다.

주님, 저는 터진 웅덩이를 만들려고 노력했습니다.
하지만 물이 담기지 않았습니다.

물을 마시기 위해 웅크렸지만 말라버렸습니다.
내가 눈물 흘릴 때 그것이 나를 조롱했습니다.
― J. 맥그라나한(J. McGranahan)

무엇으로 인해 저런 비극적인 선택을 하게 되었는가? 죄의 파편이 떨어져 생수의 근원 입구를 막아버려서 다른 어떤 것을 찾으려고 했기 때문이 아닌가? "다른 어떤 것"은 데이비스(D. R. Davies)가 "회개를 회피하는 방법"이라 칭한 것 중 하나였을 수 있다. 여러분의 태도가 그렇게 바뀌게 된 이면에는 의심하지 않고 받아들인 다른 어떤 것이 있기 때문은 아닌가?

사랑하는 독자들에게 말하고 싶다. 폐허가 된 터진 웅덩이에서 교훈을 얻는다면 모든 것을 잃지는 않을 것이다. 넘어진 그 자리에서 회개해야 함을 기억하라. 생수의 근원으로 돌아가 그곳에서 살아가는 법을 배우라.

이제 그리스도 외에는 누구도 만족을 줄 수 없습니다.
내게는 다른 어떤 이름도 존재하지 않습니다.
사랑과 생명과 영존하는 기쁨을
주 예수 안에서 발견했기 때문입니다.
― J. 맥그라나한

제3장 원수를 위한 화해

¹⁸모든 것이 하나님께로서 났으며 그가 그리스도로 말미암아 우리를 자기와 화목하게 하시고 또 우리에게 화목하게 하는 직분을 주셨으니 ¹⁹곧 하나님께서 그리스도 안에 계시사 세상을 자기와 화목하게 하시며 그들의 죄를 그들에게 돌리지 아니하시고 화목하게 하는 말씀을 우리에게 부탁하셨느니라 ²⁰그러므로 우리가 그리스도를 대신하여 사신이 되어 하나님이 우리를 통하여 너희를 권면하시는 것 같이 그리스도를 대신하여 간청하노니 너희는 하나님과 화목하라 ²¹하나님이 죄를 알지도 못하신 이를 우리를 대신하여 죄로 삼으신 것은 우리로 하여금 그 안에서 하나님의 의가 되게 하려 하심이라(고후 5:18-21).

⁶우리가 아직 연약할 때에 기약대로 그리스도께서 경건하지 않은 자를 위하여 죽으셨도다 ⁷의인을 위하여 죽는 자가 쉽지 않고 선인을 위하여 용감히 죽는 자가 혹 있거니와 ⁸우리가 아직 죄인 되었을 때에 그리스도께서 우리를 위하여 죽으심으로 하나님께서 우리에 대한 자기의 사랑을 확증하셨느니라 ⁹그러면 이제 우리가 그의 피로 말미암아 의롭다 하심을 받았으니 더욱 그로 말미암아 진노하심에서 구원을 받을 것이니 ¹⁰곧 우리가 원수 되었을 때에 그의 아들의

죽으심으로 말미암아 하나님과 화목하게 되었은즉 화목하게 된 자로서는 더욱 그의 살아나심으로 말미암아 구원을 받을 것이니라 ¹¹그뿐 아니라 이제 우리로 화목하게 하신 우리 주 예수 그리스도로 말미암아 하나님 안에서 또한 즐거워하느니라(롬 5:6-11).

우리가 생각하고 이해해야 할 복음의 놀라운 말씀 가운데 가장 중요한 것 중 하나는 화해이다. 화해는 인간을 위해 하나님이 행하신 일 중 가장 위대하고 그 범위가 넓다. 신약은 "곧 우리가 원수 되었을 때에 그의 아들의 죽으심으로 말미암아 하나님과 화목하게 되었은즉"이라고 말씀한다. 주님은 우리에게 원수를 사랑하라고 말하신다. 주님 자신이 그렇게 행하셨고 이를 통해 우리를 황폐함에서 구원하셨다.

일반적인 이해에 따르면, 화해는 적대적인 감정을 그치고 이전에 서로 반목했던 사람들 가운데 평화와 우정의 관계를 맺는 것을 의미한다. 이는 단순한 신학적 용어가 아니라 일상적인 상황에서 사용되는 말이다. 아버지와 장성한 아들 사이에 불화가 있을 수 있는데 그럴 때 화해가 필요하다고 말할 것이다. 남편과 아내 사이에 좋지 않은 관계가 진전되어 결혼이 깨어질 수 있을 때에도 동일한 말, 즉 화해가 필요하다고 이야기할 것이다. 화해가 이루어지는 것을 보는 것은 늘 행복한 일이다. 그래서 화해가 필요한 일상적인 상황을 가정하며 이야기를 진행할 수 있을 것이다.

하지만 무엇보다 화해가 필수적인 영역 혹은 관계가 있다. 그것은 바로 인간과 하나님과의 관계이다. 여러분은 위대한 복음의 부르심, 즉 "너희는 하나님과 화목하라"는 구절을 깨닫게 될 것이다.

여러분은 이런 저런 사람들과 화해할 필요가 있지만 무엇보다 하나님과 화해할 필요가 있다. 대부분의 잘못된 관계는 여기에서 실패하기 때문에 나타나며 우리가 하나님과 화해할 필요가 있다는 것을 확인시켜 주는 것이다. 그리고 이 용어는 일상적 상황과 동일한 의미로 사용된다. 한 사람에 대해 화해라는 말을 할 때 그것이 무슨 의미인지를 알고 있다면 하나님과 화해할 필요가 있는 사람들에 대해 이 단어를 말할 때 어떤 의미를 갖는지를 알 것이다.

하지만 하나님과의 화해는 이후에 우리가 반응해야 할 부분이기는 하지만 우리가 할 수 있는 어떤 일은 아니다. 오히려 하나님이 우리를 위해 성취하시는 일이다. 이 은혜의 사역은 가장 자격이 없는 사람들을 대상으로 하고 있다. 이들은 하나님과 원수가 된 자들이다. 원수를 위해 선한 일을 해야 한다는 것은 정말로 놀라운 은혜이다. 하나님은 인간을 자신과 화해시키기 위해 일하셨다. 그로 인해 하나님의 원수가 그분의 친구가 되고 사랑하는 종이 되었다.

화해라는 말보다 죄인을 위한 좋은 소식이라는 복음의 말씀을 더 잘 압축한 단어는 없다. 실제로 복음전도가 왕성하게 일어났던 19세기에 무디(Moody)는 하나님과의 화해라는 위대한 진리를 가지고 세상에 녹아들어 갔다. 우리는 이 사실을 당시의 복음전도자들이 설교했던 내용뿐 아니라 생키(Sanky)와 다른 사람들이 전해 내려준 노래와 찬송 속에서도 이야기할 수 있다.

> 예수가 우리를 부르는 소리 그 음성 부드러워
> 죄 있는 자들아 이리로 오라 주 예수 앞에 오라

여러분은 "이 찬송들은 사람의 마음을 움직이며 영혼을 녹이고 설득하는 것이다. 이 찬송들이 오늘날까지도 우리에게 남아 있다. 도대체 이 찬송가에는 무엇이 있는가?"라고 물을지도 모르겠다. 대답은 거의 대부분의 찬송들이 "곧 하나님께서 그리스도 안에 계시사 세상을 자기와 화목하게 하시며 그들의 죄를 그들에게 돌리지 아니하신다"(고후 5:19)는 위대한 진리를 표현할 뿐 아니라 "그리스도를 대신하여 간청하노니 너희는 하나님과 화목하라"와 같은 진지한 부르심을 담고 있다는 것이다.

이 찬송들이 오늘날에 적합하든 그렇지 않든 확실히 표현하는 진리는 이러하다. 우리에게는 하나님과 전쟁하고 있는 세상에 크고도 확실한 목소리로 "하나님과 화목하라"는 부르심을 외치고 그 근거에 대해 이야기할 그리스도의 사신으로 세워진 위대한 사람이 필요하다는 것이다.

하나님과 원수됨

"너희는 하나님과 화목하라"라는 갑작스런 말씀에 처음 직면하면 꽤나 큰 충격을 경험할 것이다. 조용히 자신의 일에 전념하던 여인이 "당신은 하나님과 화목하라"라는 말을 들을 때와 비슷할 것이다. 9시부터 5시까지 일한 후 귀가하고 일요일마다 교회에 나오는 어떤 사람이 "당신은 하나님과 화목하라"는 가르침을 들을 때도 비슷할 것이다. 즐거운 때를 보내고 있는 젊은이들이 "너희는 하나님과 화목하라"는 권면을 받을 때도 마찬가지일 것이다. 그런 사람들은 이렇게 대답할 수 있다. "하나님과 화목하라고요? 내가 하나님과 원수지간이거나 아니면 어떤 것을 놓고 갈등 가운데 있거나 복음에 적대적인 태도를 취하고 있다는 뜻이네요. 하지만 제가 그런 태도를 가지고 있는지 잘 모르겠어요. 저는 종교에 대해 꽤나 관용적이고 전혀 반대하지 않거든요. 다른 사람들에 대해서도 마찬가지예요."

이 시점에 대화 속으로 들어갈 수 있다면 나는 이렇게 말할 것이다. "'하나님과 화목하라'는 말이 그런 의미를 암시하는 것 같다고 당신이 말한 것은 어느 정도 맞아요. 하지만 성경은 분명 당신이 하나님의 원수라고 말하고 있어요. 하나님과의 화목은 하나님의 원수들에게 필요한 일입니다. 그렇지 않으면 완전한 재앙에 직면하게 될 것입니다." 이 말이 사실인가를 확인하기 위해 말씀을 살펴보고자 한다.

이번 장에 나타나는 로마서 5장의 구절들 속에는 인간을 네 줄기의 빛으로 비추고 있다. 6절에서 인간은 힘이 없는 상태, 즉 "우리가 아직 연약할 때에"라고 말하고 있다. 자신이 처한 상실의 상태에서 스스로를 해방시키기에 무력함을 말하고 있는 것이다. 같은 절인 "그리스도께서 경건하지 않은 자를 위하여 죽으셨도다"에서는 인간은 경건하지 않다고 말한다. 8절인 "우리가 아직 죄인 되었을 때에"에서 인간은 죄인이며 10절인 "곧 우리가 원수 되었을 때에"에서는 원수로 표현하고 있다. 인간은 힘이 없는 상태, 즉 무력한 상태에 놓여있다. 성품으로 말하자면 인간은 경건하지 못하다. 그리고 인간은 죄인이다. 마지막으로 지금 가장 중요한 것으로서, 초점을 맞추려는 것은 인간의 태도에 대한 것인데 그것은 바로 인간은 원수의 태도를 지니고 있다는 것이다. 물론 행동은 중요하다. 하지만 행동 이면에 놓여 있는 태도가 훨씬 더 중요하다. 태도라는 면에 있어 인간은 하나님의 원수이다. 연약하고, 경건하지 못하고, 죄인으로 사는 것은 나쁜 것이다. 하지만 훨씬 더 나쁜 것은 원수가 되는 것이다. 상상해보라! 하나님의 원수라니!

이는 하나님이 당신의 원수라는 것을 의미하지 않는다. 오히려 당신이 하나님의 원수임을 말한다. 하나님이 당신에게 적대적인 것이 아니라 당신이 하나님에게 적대적인 것을 의미한다.

아무리 하나님을 격노케 했다고 할지라도 단 한 순간도 하나님이 당신의 원수였던 적이 없다. 옳을 때나 그를 때나 하나님은 당신을 동일하게 사랑한다. 이는 하나님의 모든 선하심에도 불구하고 당신이 하나님과 원수된 관계에 있다는 것을 의미한다. 그리고 이 원수됨은 하나님의 마음이 아닌 당신의 마음 속에 존재하고 있다. 성경의 단순한 가르침은 본성적으로 나와 당신은 "전에 악한 행실로 멀리 떠나 마음으로 원수가 되었던" 자들이다(골 1:21).

평판이 그다지 좋지 않은 길을 위해 하나님을 향하는 길을 저버리는 당신의 모습을 지켜보게 된다면 이 사실이 명백해 질 것이다. 이런 선택을 하는 것은 타락한 인간 본성의 일부이다. 로마서에서 "육신의 생각은 하나님과 원수가 되나니"고 말한다(롬 8:7). 육신(carnal)은 타락한 본성을 의미하는 육체(the flesh)의 형용사적 표현이다. 생각(mind)은 성향(disposition)을 의미한다. 따라서 이 구절을 이렇게 표현할 수 있다. "육체의 성향은 하나님과 원수된다." 성경은 한층 더 나아가 이렇게 이야기한다. "이는 하나님의 법에 굴복하지 아니할 뿐 아니라 할 수도 없음이라."

지금부터 영원까지 당신의 가장 큰 행복을 하나님과의 관계에서 발견하길 원한다면 가장 시급한 필요는 하나님과의 화목이다. 하나님은 다른 어떤 것으로도 만족하시지 않을 것이기 때문에 당신과 화목하기 위해 가장 비용이 많이 드는 일을 행하셨다. 당신이 여전히 원수로 있을 때에 하나님께서 그렇게 행하셨다는 것은 놀라운 은혜이다. 바로 성경에서 그렇게 말하고 있다. "곧 우리가 원수 되었을 때에 그의 아들의 죽으심으로 말미암아 하나님과 화목하게 되었은즉"이라고 말이다(롬 5:10).

어떻게 원수가 되었는가?

하나님이 어떻게 화목하게 하셨는가를 살펴보기 전에 인간과 하나님 사이의 커다란 간격이 어떻게 일어났으며 그 이후로 하나님을 향한 반목이 어떻게 자라나게 되었는가를 이해할 필요가 있다. 물론 이 반목은 에덴 동산에서 하나님의 분명한 명령에 불순종했던 한 사람에게서 시작되었다. 그 명령은 동산의 모든 실과를 먹을 수 있으나 먹어서는 안 되는 단 하나의 나무에 관한 것이다(창 2:16-17). 그런 금지가 있었던 이유는 사람이 하나님께 순종하며 걸어가는가를 시험하기 위한 것이었다고 생각한다. 어떤 금지도 없었다고 한다면 인간이 순종하고 있는지 그렇지 않은지를 어떻게 알 수 있겠는가? 하지만 그것은 모든 금지 가운데 가장 쉬운 것이었다. 인간에게는 먹을 수 있는 과실을 가진 다른 많은 나무들이 있었고 손대면 안 되는 단 한 가지 나무만이 있었다. 그러나 금지된 단 하나는 우리가 그 열매를 원하도록 만들기에 충분한 것이었고 사탄은 이를 놓고 역사를 했다. 다른 어떤 것을 금지하는 것이 더 나았을 수도 있을 것이다.

영적 의미로 충만한, 금성으로의 여행을 다루는 판타지 소설인 『페렐란드라』(*Perelandra*)에서 루이스는(C. S. Lewis) 이 행성이 어떤 방식으로 "타락"을 가까스로 피할 수 있었고 금지사항을 다른 어떤 형태로 만들었는가를 이야기한다. 금성에서의 작업을 수행하는 랜섬 박사(Dr. Ransom)는 하나님과 타락하지 않은 관계성 가운데 있는 유일한 두 사람을 발견한다. 이들은 목가적인 환경에서 자라나는 열대작물이 가득한, 떠다니는 섬들에 살고 있다. 이들은 랜섬 박사에게 자신들이 원하는 대로 정해진 땅을 방문할 수는 있지만 하나님이 절대로 하룻밤을 머물지 않도록 말했다는 것을 전했다. 그것이 유일한 금지였다. 이 소설에서 사탄으로 그려지는 인물은 모든 노력과 철학적 논증을 사용하여 인간이 그 금지를 어기고 하나님으로부터 독립하도록 역설한다. 하지만 그런 시도는 랜섬 박사의 중재로 좌절이 되고 인간은 그런 상황에서 벗어나게 된다. 그러나 실제 역사에서는 이런 일은 일어나지 않았다. 사탄의 선동으로 우리의 첫 부모는 금지된 열매를 취하고 최초의 죄를 범했으며 그 결과로 처음으로 하나님을 향한 죄의식을 갖게 되었다. 죄의식은 즉시로 하나님이 그들을 적대시한다고 느끼게 만들었는데 이는 동산에서 그들이 하나님의 음성을 들었을 때 하나님의 임재를 피해 나무 사이에 숨었던 사실에서 알 수 있다. 왜 숨었느냐고 물었을 때 그들은 분명히 "주님이 이제 우리를 적대시하기 때문입니다. 우리가 주님의 계명을 어겼기 때문에 하나님은 분노하시기 때문입니다. '아담아 네가 어디 있느냐'는 주님의 부름이 그렇게 들렸습니다." 라고 대답했을 것이다. 그들의 죄의식의 논리는 이 외에 다른 어떤 결론에도 이르지 못했을 것이다.

하나님이 그들을 적대시한다고 생각했기 때문에 그들은 하나님으로부터 등을 돌리게 되었다. 그것은 후손들에게도 마찬가지였다. 죄의식은 정결케 되기 전까지 우리에게 남아있는데 이 때문에 우리는 하나님이 우리를 적대시하시고 인정하지 않으신다고 느낀다. 이어서 죄의식은 우리의 마음을 굳어지게 만들어 하나님을 대적하게 하고 하나님의 도덕법에 저항하고 우리 자신의 길을 걸어가면서 적대적으로 행동하게 한다. 이러면서 우리가 살아가는 방식으로 인해 하나님이 우리에게 보다 더 적대적이라고 확신하게 된다. 이런 과정을 거치면서 우리의 마음은 더욱 거칠어지고 하나님에게 더 적대적이게 된다.

적개심의 악순환은 인간을 향한 하나님의 모든 제의가 불순한 의도를 가리며 다가오는 적의 접근으로 의심받는 한 지속된다. 이는 하나님을 위해 자신에게 영향을 주기 원하는 신실한 그리스도인들을 향한 사람들의 태도에서 볼 수 있다. 사람들은 이들의 모습을 지켜보고 의심하고 회피하게 된다. 이들이 자신의 영혼에 대해 이야기하면서 그나마 가지고 있던 작은 행복과 독립마저 앗아갈 것이라고 확신한다. 그런 사람들과 이야기할 때 저들이 관심을 잃지 않도록 주의해야 하는 것은 이상한 일인가? 이들에 대해 염려하는 사람들이 "저 사람은 쉽게 흥미를 잃으니 주의하시기 바랍니다"라고 경고한다. 참 이상한 경고이다. 만약 그 사람의 친척이 상당한 재산을 남겼다는 소식을 알려줘야 한다면 관심을 쉽게 잃어버리지 않을 것이다. 하지만 의식하든 하지 않든 간에 하나님이 자신을 적대시 한다고 느끼기 때문에 하나님과 반목하고 있고 하나님이 하신 일을 의심하게 된다. 이는 이상한 일이 아니다.

더군다나 역경이나 어려움이 찾아오면 자신의 죄로 인해 하나님이 벌하시는 걸로 해석할 것이다. 나는 암으로 인해 죽어가면서 자신의 병이 남편이 알지 못하는 부정함 때문에 하나님이 벌주시는 것이라 말한 여인을 알고 있다. 하나님이 자신을 적대시한다고 생각하는 한 피난처로서 하나님에게 나아갈 생각은 들지 않는다.

나는 사람이 외적으로 얼마나 경건할 수 있는가에 대해서는 별 관심이 없다. 모든 인간은 본성적으로 하나님에게 적대적이다. 이것이 상황에 따라 다양한 형태로 우리 안에 나타나는 하나님을 향한 적대감의 모습이다. 이러한 태도는 가장 좋은 상황 속에서도 여전히 남아 있다.

하나님은 죄인에게 적대적이지 않으시다

하나님은 언제나 우리에게 적대적이지 않으시다. 하나님이 적대적이라고 상상하는 것은 죄의식으로 인한 것으로 죄인들의 마음 속에만 존재한다. 그동안 축적된 세상의 모든 죄악에도 불구하고 하나님은 잠시 동안도 사람을 적대시하지 않으셨다. 하나님이 동산에 오셔서 "네가 어디 있느냐"(창 3:9)라고 말씀하신 것은 범죄자를 찾으려는 경찰의 목소리가 아니었다. 그것은 잃어버린 아들을 찾아오신 아버지의 목소리였다. 그 목소리에는 슬픔과 비탄이 있었다. 때때로 전해지는 극심한 심판의 메시지는 유효한 것이지만 결국에는 자비를 제공하신다는 사실은 하나님이 인간을 적대시하지 않으시고 여전히 사랑하심을 증명한다. 초기의 빌리 그래함의 전도 영화 중 하나인 "미스터 텍사스"(Mr. Texas)에는 구원자의 제안을 단호하게 거부하는 형제를 향하여 한 젊은 여인이 감동적으로 노래하는 장면이 나온다. 그 노래의 제목은 "사랑받는 원수"(O beloved enemy)이다. 사람은 분명 원수이지만 사랑받는 원수이다. 그 사랑이 얼마나 큰지 말할 수 있는 이는 아무도 없다.

죄악 된 세상을 향한 하나님의 변치 않는 사랑은 첫 성탄절에 천사들이 전한 소식에 나타난다. 하지만 사람들은 성탄절의 참된 중요성을 알지 못한 채 그 날을 기념하고 있다. 천사들은 아기를 통해 "육신에 장막을 친 하나님"을 보고 "지극히 높은 곳에서는 하나님께 영광이요 땅에서는 하나님이 기뻐하신 사람들 중에 평화로다"라고 노래한다(눅 2:14). 천사들은 아들을 보내시는 하나님 안에서 하나님을 적대시하는 인간을 향한 그분의 선한 의지를 발견한다. 과거의 성탄절 찬송도 동일한 메시지를 갖는다고 생각한다.

> 하늘에서 인간에게 내려 온
> 하나님의 헌한 뜻
> 시작되어 멈추지 않으리
> -나훔 테이트(Nahum Tate)

전쟁에 대한 규칙이 있어서 사람들이 그 규칙을 지켰던 시절에는 한 국가가 다른 국가에 선전포고를 하기 전에 대사를 소환하는 것이 일반적인 일이었다. 대사가 안전하게 귀환하고 나서 선전포고를 할 수 있었다. 하지만 훨씬 더 오래전에 하나님은 자신이 보낸 대사를 소환하지 않으시고 오히려 선한 사명을 가진 대사를 보냈다. 그 사명에는 온갖 위험이 수반되었다. 그 사명은 사람은 하나님과 전쟁을 하는 중에 있지만 하나님은 그들과 화평하려 한다는 분명한 선언이 담긴 것이었다. 천사는 그것이 가장 높은 곳에 하나님의 영광을 나타내는 것임을 보았고 동시에 땅에 사는 인간을 향한 변치 않는 선의임을 보았다. 그렇지 않았다면 결코 아들을 보내시지 않았을 것이다. 인간은 여전히 이 사실을 믿지 못하고 있다. 성탄절에 비슷한 내용의 캐롤을 부르지만 인간은 여전히 하나님을 저항하고 적대적인 관계에 있다. 깊은 곳에서 하나님이 그들과 적대적이라고 생각하기 때문이다. 그렇게 생각하는 한 야생마와 같은 인간이 하나님께로 나아가지는 못할 것이다.

하나님의 어려움

분명히 인간과 화해하기 위해서는 하나님이 직접 죄의식에서 비롯된 죄인의 의심을 몰아내기 위한 어려운 일을 감당하셔야만 한다. 하나님이 세상의 윤리를 주관하시는 분이지만 인간을 적대시하지 않고 있는 모습 그대로 사랑하시는 분임을 죄인에게 설득하셔야만 한다. 하나님이 "나와 화목하라"라고 말씀하시는 것으로 충분하지 않다. 하나님은 죄인이 생각하시는 그런 하나님이 아니심을 증명하기 위해 어떤 일을 행하셔야만 한다. 이는 인간이 하나님께로 돌아올 수 있도록 격려할 수 있는 어떤 일을 의미한다. 이 일을 하시는데 있어 하나님이 주도권을 가지셔야 한다. 왜냐하면 이 일을 인간에게 맡기면 첫 번째 걸음도 떼지 못할 것이기 때문이다. 두 번째 걸음도 마찬가지이다. 세상의 사고와 태도가 어떤 습관을 가지는가를 안다면 이 일은 하나님에게도 어려운 과제이다.

돌아오기를 꺼려하는 인간의 어려움과 더불어 사람을 돌아오게 하는데 있어서 하나님의 어려움이 존재한다. "범죄하는 그 영혼은 죽으리라"(겔 18:4)는 말씀처럼 공의의 요구가 있다. 하나님이 어떻게 자신의 공의의 요구를 무시하고 인간을 돌아오게 할 수 있겠는가? 단지 돌아오는 것이 그에게 유익하다고 여겨지기 때문에 그럴 수 있는가? 아담이 에덴 동산을 떠난 후 다시 그곳으로 돌아오기를 원했다면 무엇을 발견했겠는가? 자신이 그곳으로 돌아갈 수 없다는 것을 깨달았을 것이다. 그룹 천사가 동산 입구에 서 있었고 화염검이 생명나무로 향하는 길을 차단하기 위해 두루 돌아다니고 있었다(창 3:24). 하나님의 정의는 그 곳에 검을 두는 것이었다. 단지 안간이 돌아오기를 원한다는 이유로 칼을 칼집에 집어 넣은 것이 정의라고 할 수 있겠는가?

사람이 기꺼이 반응할 수 있기 위해서 필요한 일이 있다. 그것은 하나님을 향한 죄의식을 제거하는 것뿐 아니라 동시에 공의의 칼을 만족시키고 인간을 되돌아오게 하는데 있어서 하나님이 정의로우심을 보여주는 것이다.

하나님이 이루셨다

복음은 하나님이 바로 그 일을 하셨다는 것이다. 하나님은 "내쫓긴 자가 하나님께 버린 자가 되지 않게" 하시는 방법을 만들어내셨다(삼하 14:14). 하나님이 하신 일이 무엇인가? 그것은 한 사람이 나무에 못 박혀서 범죄자의 죽음을 당하게 한 것이다. 우리가 알고 있듯이 당시에는 범죄자들만이 십자가에서 죽음을 당했다. 십자가에 달린 그 사람이 누구인가? 육신을 입고 오신 하나님이시다. 저런 방식으로 죽음을 당하는 것은 무엇을 위해서인가? 사도 바울이 이렇게 답한다. "곧 하나님께서 그리스도 안에 계시사 세상을 자기와 화목하게 하시며 그들의 죄를 그들에게 돌리지 아니하시고"(고후 5:19). 하나님이 아들에게 모든 죄를 전가시켰다는 이유 때문에 죄인을 책망하지 않으시고 죄를 그들에게 돌리지 않으신다는 것을 믿을 수 있는가? 그러나 바로 이 사실이 죄인을 향한 하나님의 태도를 설명한다. 인간은 하나님의 책망을 도저히 감당할 수 없기 때문에 아들 안에서 행하신 것이다. 이는 하나님의 편에서 실제적인 깨어짐이 있는 것이다. 복음에서 하나님이 죄인을 적대시하지 않고 오히려 죄인을 위한다고 선언하는 이유가 이것이다. 이는 인간으로서는 믿기 어려운 하나님의 태도이다. 십자가를 보고 그들과 싸우시지 않는 하나님과 싸움을 벌이고 있다는 것을 이해하게 되기 전까지는 믿을 수 없을 것이다.

　이 땅에서 양자 간의 싸움이 있을 경우에 먼저 잘못을 저지른 당사자가 다른 사람에게 자신의 죄를 인정하고 손해에 대한 보상을 할 때 화해가 일어날 수 있다. 처음 행한 잘못이 시정되지 않는다면 그냥 "이제 악수하고 화해하라"라고 말하는 것은 아무런 도움이 되지 않는다. 오래된 증오의 감정이 여전히 그곳에 있으며 언젠가는 과열된 언어로 다시 폭발할 수 있을 것이다. 보상을 하는 것은 죄를 지은 쪽의 책임이지 상처를 입은 사람이 할 일은 아니다. 후자는 "내가 먼저 한 일이 아니기 때문에 일을 바로 잡을 수 없다"라고 이야기 할 수 있다. 보상은 손해를 가한 사람이 해야 하는 것이다. 하지만 인간과 하나님 사이의 심원한 소외에 대해서는 선례가 없는 어떤 일이 행해졌다. 보상을 한 쪽은 가해를 한 사람이 아닌 상처를 입은 하나님이었다. 하나님은 아들을 통해 스스로를 낮추시면서 인간 역사 안으로 들어오셔서 그 일을 행하셨다. 그리고 인간이 저지른 죄의 혐의를 뒤집어 쓰고 골고다 언덕까지 십자가를 끌고 마치 자신이 죄의 무시무시한 대가를 지불하시는 것처럼 두 강도 사이에서 죽음을 당하셨다. 당신은 하나님이 보상을 하시고 있는 만큼 가해자는 하나님이라고 생각할지도 모르겠다. 그러나 그렇지 않다. 가해를 당하신 분이 가해자의 위치에 서서 무한한 은혜의 사역을 하고 계신다. 그 사역을 통해 하나님의 공의라는 화염검을 자신의 가슴에 묻으시고 화염검의 불을 그분의 피로 만족시키셨다.

> 모두 나를 위함이며 나의 평화를 이루려 하심이라
> 이제 그 검이 내게 잠잠하나이다
> — 커즌 여사(Mrs. A.R. Cousin)

하나님과 인간 사이에 오시는 분은 제 삼자로서의 예수님이 아니라 가해를 당한 분, 십자가에 달리신 하나님 자신이다. 얼마나 놀라운 하나님이신가? 하나님의 참된 성품은 다른 어떤 곳에서도 나타나지 않는다.

이런 이유로 하나님은 의심과 죄로 점철된 세상 앞에 십자가에 달린 하나님의 모습을 보이길 원하신다. 자신이 보낸 대사들이 십자가를 설교할 것을 요구하신다. 사람들이 이 모습을 볼 때 하나님은 그들의 귀에 이렇게 속삭인다. "내가 당신들을 적대시한다고 하자. 당신의 죄를 추궁하고 당신의 적이 되어 당신의 행복을 빼앗으려 한다고 하자. 하지만 당신을 구원하기 위해 친구들 중 누가 자신의 피를 흘릴 수 있었겠는가?" 결국 사람들은 자신을 적대시하는 하나님이 아닌 자신을 위하시는 하나님을 보게 된다. 어떤 사람들은 의심이 사라지고 저항하던 마음이 가라앉게 된다. 그래서 못 박히신 분 앞에 엎드려 "놀라우신 주의 사랑, 나의 영혼, 나의 생명, 나의 모든 것이 주님의 것이 되리라"라고 말하게 될 것이다.

권면하시는 하나님

가해를 당한 하나님이 인간과 화해하기 위해 보상하시는 모습을 보는 것은 감격스런 광경이다. 그렇다면 동일한 하나님이 인간에게 그 화해를 받아들이고 하나님과 화목하라고 권면하는 것을 보는 것은 더한 감동이라고 할 수 있다. 인간이 하나님에게 자비를 구하는 것이 아니라 하나님이 인간에게 화해하라고 권면하고 있다. 화목은 "그러므로 우리가 그리스도를 대신하여 사신이 되어 하나님이 우리를 통하여 너희를 권면하시는 것 같이 그리스도를 대신하여 간청하노니 너희는 하나님과 화목하라"(고후 5:20)라는 구절 속에 정확히 나타난다. 진실로 하나님은 사신이라 불리는 사람들과 그들이 실제로 전하는 말을 통해 화목의 사역을 하신다. 그렇지만 "하나님이 우리를 통하여 너희를 권면하시는 것 같이"라는 말씀에서 볼 수 있듯이 그들을 통해 권면하시는 분은 하나님이시다. 권면하시는 하나님, 얼마나 놀라운 그림인가? 화목이라는 결과를 가져오기에는 충분할 만큼 일하시지 않은 것처럼 하나님은 지금 사람들에게 간청하고 권면해서 화목을 받아들이도록 설득해야 하시는 것인가? 그것은 순전한 은혜이다. 은혜가 현장에 임하게 될 때 모든 것이 뒤바뀌게 된다. 인간이 하나님께 간청하는 것이 아니라 하나님이 인간에게 간청하신다.

사람은 한 때 하나님의 원수였다. 하지만 각자가 아들의 죽음으로 인해 하나님과 화목하게 되었고 다른 사람들을 화목하게 하기 위한 사역을 감당하게 되었다. 즉, 그리스도의 사신으로서의 격상된 지위를 부여받은 것이다.

사신은 다른 나라 정부에 자신의 나라를 대표하는 사람이다. 사신이 그 나라에 머무는 한 그를 보낸 정부는 그 나라와 평화로운 관계에 있다는 것을 알 수 있다. 그 나라와의 관계에 이상이 생긴다면 사신은 그 문제를 현장에서 다뤄야 하며 조속한 화해가 이루어지도록 노력해야 한다.

한 때 하나님의 원수였던 사람에게 주어진 얼마나 고귀한 직무인가! 이제는 소외된 세상을 위한 그리스도의 사신이 되었다. 인간과 하나님 사이의 관계에 이상이 생겨서 이제 하나님과 전쟁상태에 있지만 정상적인 경우처럼 본국으로 소환되는 것이 아니라 때를 따라 사람을 권면하여 자신을 보내신 하나님과 화해케 하기 위해 사신은 그 자리에 머물러 있다.

사신이 어떤 메시지를 가지고 오는가? 성경 구절들 속에 실제적인 말들이 담겨 있다. 처음 보면 단순히 "그리스도를 대신하여 간청하노니 너희는 하나님과 화목하라"는 말만 하는 것처럼 보일 것이다. 하지만 바울의 메시지는 거기에서 그치지 않음을 주목하라. "(왜냐하면) 하나님이 죄를 알지도 못하신 이를 우리를 대신하여 죄로 삼으신 것은 우리로 하여금 그 안에서 하나님의 의가 되게 하려 하심이라"로 계속 이어지고 있다(고후 5:21). 짧은 단어인 "왜냐하면"을 주목하라(개역개정에는 나타나지 않는다 - 역주). 이 단어는 앞의 문장과 이어 나오는 문장을 이어준다. 사신은 인간이 하나님과 화목할 수 있도록 하는 가장 큰 격려를 받고 있다. "(왜냐하면) 하나님이 죄를 알지도 못하신 이를 우리를 대신하여 죄로 삼으신 것은 우리로 하여금 그 안에서 하나님의 의가 되게 하려 하심이라." 이 말씀은 인간을 적대시하는 분의 사역처럼 보이지 않는다. 오히려 인간을 사랑하는 분의 사역으로 보인다. 하나님은 죄인을 권면하여 돌아오도록 눈물을 흘리며 갈보리를 가리키고 있다고 생각한다. "죄를 알지도 못하니 이를 죄로 삼으신"과 "우리로 하여금 그 안에서 하나님의 의가 되게 하려"라는 대조되는 구절을 보라. 죄인을 위해 그리스도가 잘못된 자로 여겨진 것처럼 죄인을 옳다고 여기심을 받는다. 얼마나 복된 판결의 변화인가? 이렇게 죄인들은 자신이 그동안 하나님과 전쟁 상태에 있었지만 하나님이 그들과 화목하게 되었고 과거에는 하나님의 원수였지만 이제는 하나님이 그들의 친구가 되었음을 깨닫게 된다. 이는 "모든 것을 용서했으니 집으로 돌아오라"는 말과 같다. 돌아와서 하나님과 화목케 되어야 할 당연한 이유가 있는 것이다. 이러한 사신들 뒤에는 인간에게 권면하시는 하나님이 계신다.

설교자들이여, 죄인에게 호소하기 위한 성경적인 근거를 원한다면 바로 이것이다. 하나님이 인간에 권면하신다면 당신도 권면할 수 있는 것이다.

우리의 반응

우리와 같은 죄인들이 마땅히 해야 할 반응은 무엇인가? 복음의 말씀은 반응에 대해 다양하게 이야기한다. 어떤 경우에는 믿음의 반응이 될 것이고 다른 경우에는 회개의 반응이 될 것이며 또 다른 경우에는 스스로의 노력을 포기하고 그리스도를 전적으로 따르는 것이 될 것이다. 그러나 여기에서도 다르게 나타날 수 있다고 생각한다. 도망쳐서 스스로의 길을 걷던 것을 포기하고 그리스도가 나를 취하도록 하는 것이 또 다른 반응일 수 있다. 다시 말해 반역이라는 무기를 내려놓고 적개심과 저항을 끝을 내는 것이다. 나는 처음 그리스도인이 되었을 때 분명 이렇게 반응했다. 당시에는 지성적인 믿음이나 회개라 할 것이 별로 없었다. 한 해 동안 하나님과 전투를 하고 있었는데 결국 그분에게 저항하던 것을 포기했다. 나일 전투에서 패배한 프랑스 장군에 관한 옛 이야기가 있다. 그는 항복하기 위해 넬슨의 전함에 승선했다. 세련되게 옷을 입고 얼굴에는 미소를 머금고 넬슨에게 손을 내밀었다. 하지만 넬슨은 손을 내밀지 않았다. 넬슨이 말했다. "당신의 검이 먼저입니다." 프랑스 장군은 칼집에서 검을 빼 자루 부분을 넬슨에게 먼저 건네었다. 넬슨은 그것을 받아서 무릎에 대고 부러뜨렸다. 그 후에야 프랑스 장군과 악수를 했다. "검부터 먼저"는 사람이 하나님과 화목하기 위해 첫 걸음을 내디딜 때 주님이 요구하시는 말씀이다.

그 다음에 예수님의 피에 대한 믿음이 따라온다. 다시 말해 예수님이 십자가에서 자신을 위해 하신 일 때문에 자신을 정죄하는 죄의 권세에 대해 죽고 하나님에 대해 자유하며 살게 되는 것이다. 마음의 문이 예수에게 열리게 되고 주님을 위해 모든 것을 포기하게 된다.

화해의 이중성

인간을 하나님과 화목하게 하는 것은 십자가 사역의 일부일 뿐이다. 그 사역의 또 다른 측면은 인간을 다른 사람들과 화목하게 하는 것이다. 이러한 화목의 이중성에 대한 구절이 에베소서 2장에 나타난다. "둘로 하나를 만드사"와 같은 관련된 구절이 세 번이나 나타난다.

　분명 사람이 하나님과 화목하게 될 때 그는 자신을 괴롭게 하는 다른 사람들과도 화목하게 되는 과정에 있게 된다. 새로운 눈을 가지고 모든 사람을 볼 것이다. 동시에 자신이 만나고 있는 다른 사람이 하나님과 화목하게 된다면 십자가에서 그 사람과 만나게 될 것이고 그것은 하나님과 다른 사람과의 이중적 화해라는 아름다운 경험이 될 것이다.

　복음의 연대기들은 그러한 영광스런 이야기들로 가득 채워져 있어서 이런 내용들이 페이지 전부를 채우지 않도록 절제해야만 할 정도이다. 이런 화목케 됨을 통해 결혼생활이 회복되고 십대 자녀와 가족들이 다시 연합할 뿐 아니라 교회의 분열이 치유되고 사무실이나 공장에 화합이 일어난다고 말하는 것으로 충분하다. 찰스 웨슬리가 말한 소위 "은혜의 승리"라고 하는 것들이다.

　우리는 이런 화해의 이중성을 알고 있어야 한다. 이는 하나님과의 관계, 다른 사람들과의 관계는 동시에 이뤄지며 전자가 후자를 대체하는 것이 아니다. 만약 당신이 다른 사람과 잘못된 관계에 있다면 그 정도까지 하나님과의 관계도 잘못된 것이다. 일상적인 삶에 있어서 당신을 붙들어 매는 관계의 문제가 있는가? 힘과 용기를 내시라. 이것은 예수님의 전문분야이다. 구원자로서의 명성을 가져오는 "둘로 하나를 만드는 것"은 그분의 능력이다.

중간에 막힌 담

하지만 에베소서 2장에 나오는 구절에서 바울은 이중적 화해의 문제를 아주 중요한 관계에 적용하고 있다. 그것은 유대인과 이방인 사이의 관계이다. 당시에 유대인과 이방인 사이에는 아주 큰 분열이 있었다. 이것은 "법조문으로 된 계명의 율법"으로 인해 생긴 문제이다(엡 2:15). 모세의 율법과 의식은 이방인이 아닌 유대인에게 적용되는 것이어서 이 둘을 구별시키게 되었다. 해당 구절은 이 구별을 "중간에 막힌 담"이라 부르며 한 쪽에는 유대인이 다른 쪽에는 이방인이 존재하며 둘 사이에는 미움이 있을 뿐 아니라 전자는 후자를 무시하고 후자는 전자에 대한 분노를 가지게 되었다.

이제 바울의 논거는 예수님이 미움의 근본적인 원인이 된 법조문으로 된 계명의 율법을 자신의 육체 안에서 폐지함으로써 중간에 막힌 담을 허무셨다는 것이다. 성경은 자신의 육체로, 즉 대리적인 죽음을 통해 그 담을 허무셨다고 말한다. 이는 본질적으로 지위, 구별됨, 특권, 종교적인 의무 준수가 하나님과 인간의 관계를 회복시키는데 있어 아무런 가치를 가지지 못하게 한다는 것이다. 십자가의 사역을 통해 이루신 위대한 일 외에 다른 모든 것은 불필요하다. 십자가 앞에서 인간의 장점은 그것이 종교적인 것이든 세속적인 것이든 아무런 도움이 되지 않는다. 동시에 사람의 단점도 그것이 종교적이든 세속적이든 약점이 되지 않는다. 하나님의 은혜는 장점이든 단점이든 상관없이 은혜를 사람의 것이 되도록 만드신다. 십자가의 놀라움 앞에서 인간은 "자신의 자랑을 경멸하는 법"을 배우게 된다. 이렇게 중간에 막힌 담이 허물어지고 유대인을 구별시키는 계명의 율법은 폐지된다. 그리고 그와 함께 세 가지의 복된 결과가 나타난다.

첫 번째로 "이는 이 둘로 자기 안에서 한 새 사람을 지어 화평하게" 하신다(엡 2:15). 예를 들어 지금은 안수 받은 자와 평신도 사이의 구별, 혹은 다른 식으로 차별하는 종교적, 사회적, 인종적 표지 같은 것은 더 이상 존재하지 않는다. 십자가 위에 달린 그분의 몸을 통해 모든 인간은 하나님과 화목하게 되었고 동시에 서로와도 화목하게 되었다.

두 번째로 "원수된 것을 소멸"하셨다. 화목의 기초로서 십자가를 받아들일 때 전쟁을 벌이는 사람들 사이의 원수됨은 사라진다.

세 번째로 "화평하게" 하는 일이 있다. 이는 하나님과의 화평뿐 아니라 다른 사람과도 화평케 되어 서로를 사랑하게 된다.

이것은 죄인들을 위한 복음이 가져오는 여러 효과들 중의 하나이다. 다시 말해 "둘을 하나로" 만드는 효과이다.

먼저 형제와 화목하라

산상수훈에서 주님이 가르치신 내용은 형제와 화목하는 것을 우선순위로 하는 것이다.

> 그러므로 예물을 제단에 드리려다가 거기서 네 형제에게 원망들을 만한 일이 있는 것이 생각나거든 예물을 제단 앞에 두고 먼저 가서 형제와 화목하고 그 후에 와서 예물을 드리라(마 5:23-24).

주님이 염두에 두시는 것은 형제가 우리를 적대적으로 생각할 수도 있음을 기억하라는 것이다. 우리가 그에게 원망하는 마음이 없을 수 있지만 그 형제는 우리를 원망하고 있고 우리는 그것을 알고 있을 수도 있다. 다른 형제에 대해 말하거나 행한 일로 인해서 화평치 못한 상태로 하나님께 예물을 드리는 것은 마음을 괴롭게 한다. 그 사람과의 관계를 바르게 하는 것은 너무나 중요한 일이어서(그렇지 않으면 그 상황이 그리스도인으로서의 삶 전체에 영향을 주기 때문에) 형제와 화목하고 나서 예물을 드리는 것을 우선순위에 두어야만 한다.

그렇다면 어떻게 그 형제와 화목하게 될 것인가? 다음 구절이 말해준다. "너를 고발하는 자와 함께 길에 있을 때에 급히 사화하라"(마 5:25). 자신을 정당화하거나 설명하는 긴 토론이 아닌 "고발하는 자와 급히 사화할 것"을 요구하고 있다. 그래서 당신이 말하거나 행한 일에 대해 "나를 원망하는 것이 옳습니다. 나에게 잘못이 있습니다. 당신에게 용서를 구합니다"라고 말해야 한다. 이렇게 할 때 상황을 정당화하지 말아야 하며 그 문제에 있어서 자신 잘못했음을 인정하는 것으로 만족해야 한다. 하지만 미안하다고 말하는 것만으로 충분하지 않으며 용서를 구할 필요가 있다. 그리고 더 이상 이야기하는 것을 중지해야 한다. 그때 공은 상대방에게 넘어가게 된다. 상황이 종료되기 위해 필요한 것은 상대방의 용서이다. 용서를 구하는 것만큼 어려운 것은 남을 용서하는 일이다. 물론 그렇게 하기 위해서는 깨어진 마음과 회개하는 심령이 필요할 것이다. 하지만 예수님은 우리를 위해 이보다 더 한 일도 하셨다. 이런 일이 일어나는데 예수님이 함께 하시고 틀림없이 주님은 상대방이 용서할 수 있도록 도우실 것이며 이로 인해 또 다른 관계가 치유되는 이중적인 화해를 맛보게 될 것이다.

> 그리스도를 대신하여 간청하노니 너희는 하나님과 화목하라(고후 5:20).

제4장 자격 없는 자를 위한 은혜

⁸너희는 그 은혜에 의하여 믿음으로 말미암아 구원을 받았으니 이것은 너희에게서 난 것이 아니요 하나님의 선물이라 ⁹행위에서 난 것이 아니니 이는 누구든지 자랑하지 못하게 함이라(엡 2:8-9).

⁶만일 은혜로 된 것이면 행위로 말미암지 않음이니 그렇지 않으면 은혜가 은혜 되지 못하느니라(롬 11:6).

하나님을 은혜의 하나님으로 보지 못한다면 우리와 같은 죄인을 위한 좋은 소식은 존재하지 않는다. 이 말씀은 내 생각의 기본을 이루고 구석구석 스며들어 있는 것이어서 이미 앞에 나온 첫 세 장의 내용에 배어 있다. 따라서 지금쯤 한 장의 내용을 이 주제에 할애하리라는 것을 예견했을 것이다.

그렇다면 은혜는 무엇인가? 그것은 하나님의 성품 중 하나이며 하나님의 모든 속성 중 가장 아름답고 주요한 것으로, 하나님의 과분한 사랑으로 정의할 수 있다. 특별히 그 사랑은 자격없는 자를 향한 것임을 강조해야 할 것이다. 이런 이유로 인해 은혜는 늘 행위와는 대조되어 나타나고 있다.

> 만일 은혜로 된 것이면 행위로 말미암지 않음이니 그렇지 않으면 은혜가 은혜 되지 못하느니라(롬 11:6).

구원받기 위해 먼저 자신을 더 나은 자로 만들고 도덕적으로 더욱 적합한 사람이 되어야 한다거나 이미 구원받은 자로서 더 많은 복을 받으려고 한다면 은혜는 더 이상 은혜가 아닌 것이다. 로마서 4장에서 "일하는 자에게는 그 삯이 은혜로 여겨지지 아니하고 보수로 여겨지거니와"라고 말씀하는 것과 같다(롬 4:4).

실제로 부흥을 경험하기 위해 더 나은, 더 활동적인 그리스도인이 되려고 하는 것은 하나님을 우리에게 복으로 갚아야만 하는 채무자의 위치에 두려고 하는 것과 같다. 이는 불가능한 일이며 하나님이 결코 하시지 않을 일이다. 바울은 욥기를 인용한 다른 구절에서 "누가 주께 먼저 드려서 갚으심을 받겠느냐"고 말하고 있다(롬 11:35). 이 질문에 대한 대답은 아무도 그렇게 할 수 없다는 것이다. 우리는 결코 그렇게 할 수 없다. 우리는 은혜의 하나님께 빈손으로 나아와서 그분의 자비로 살아가는데 만족해야만 한다. 이 땅에서는 아무도 자비에 의존해 사는 것을 좋아하지 않는다. 하지만 하나님이 아닌 다른 방법을 통해서는 결코 구원받지 못할 것이다. 다른 어떤 근거를 통해서는 구원 이후의 그리스도인의 삶에 있어서도 더 깊은 복을 누릴 수 없을 것이다.

은혜를 은혜로 만드는 것은 그것을 받는 사람의 결핍뿐 아니라 주어지는 은혜의 위대함에 있다. 그것은 자격 없는 자에게, 초대받지 못한 사람에게, 기대하지 못한 상태에서, 무엇보다 인간의 능력과 비교할 수 없는 것이 주어지는 은혜이다.

은혜로 값 없이

은혜를 좀 더 자세하게 정의하는 구절이 있다.

하나님의 은혜로 값 없이 의롭다 하심을 얻은 자 되었느니라(롬 3:24).

여기에서 "값 없이"에 해당하는 헬라어 단어가 다른 구절에서는 "그들이 이유 없이 나를 미워하였다"(요 15:25)처럼 "이유 없이"로 번역되어 있다. 따라서 이 본문은 "이유 없이 의롭다 하심을 얻은 자 되었느니라"고 읽을 수 있다. 죄인인 나를 사랑하시고 의롭게 하시는 것은 원수된 자들이 예수님을 미워하는 것만큼이나 이유가 없는 것이다. 주님이 죄인인 나를 받으시고 의롭게 하실 만한 선한 것이 내 안에 전혀 없다. 원수된 자들과 주님의 행동 모두 불필요한 것이다. "불필요한"이라는 말은 동일한 헬라어 단어를 다르게 번역한 것인데 더 나은 번역이라고 본다. 하나님은 나를 불필요하지만 의롭게 하셨고 그에 대한 보상을 전혀 기대하지 않으신다. 그것은 은혜이다. 옛 찬송에서는 이렇게 노래한다.

예수님, 내 안에서 무엇을 찾으셨길래
그런 사랑으로 나를 만지시나요?
―헨리 콜린스(Henry Collins)

하나님은 내 안에 있는 어떤 것도 찾으시지 않았다. 주님이 나를 구원하게 하실 만한 어떤 이유도 내 안에서 발견되지 않았다. 정상적으로 읽기 위한 가장 좋은 번역은 RSV에 있는 "하나님의 은혜의 선물로 의롭게 된"이라는 번역일 것이다. 우리가 처음으로 의롭게 된 것은 "은혜의 선물로" 된 것일 뿐 아니라 일단 축복이 주어진다면 다른 모든 축복의 경험도 같은 방법, 즉 "은혜의 선물"로 주어질 것이다.

은혜와 사랑

은혜와 사랑은 구별된다. 모든 은혜가 사랑이지만 모든 사랑이 반드시 은혜인 것은 아니다. 선하고 매력적이고 칭찬할 만하기 때문에 누군가를 사랑한다는 것은 생각할 수 있는 일이다. 그와 같은 경우에 사랑은 결코 은혜라고 부를 수 없다. 하나님의 사랑은 명백히 자격없는 대상을 향할 때만 은혜가 된다. 그때 사랑은 은혜라는 영광스러운 새로운 이름을 덧입게 된다.

하나님의 은혜와 하나님의 사랑의 차이는 햇빛과 무지개의 차이로 설명할 수 있다. 햇빛이 구름 한점 없는 하늘에서 쏟아져 그 찬란함으로 모든 사물을 비출 때 얼마나 아름다운가! 이는 모든 인간과 사물을 선하다고 선포하신 하나님의 피조물 전체를 향한 사랑, 은혜의 적절한 상징이다. 익숙한 찬송인 "여름 햇빛이 땅과 바다를 비추네"는 햇빛을 하나님의 사랑을 보여주는 그림으로 보고 있다. 하지만 햇빛이 어두운 구름과 비를 뚫고 비쳐질 때 여러 색상으로 분리되고 자연 속에서 가장 아름다운 현상인 무지개를 보게 된다. 무지개는 여전히 햇빛이다. 하지만 차이점은 빛이 비와 구름을 통해 다가올 때의 결과로 나타나는 무지개는 원래의 햇빛보다 훨씬 아름답다는 것이다. 그렇게 하나님의 사랑이 눈물을 흘리며 한숨을 쉬고 있는 죄인과 자격없는 자에게 찾아올 때 하나님의 은혜가 되어 그들의 필요를 채우게 된다. 요한계시록 4장은 "또 무지개가 있어 보좌에 둘렸는데"라고 기록한다(계 4:3). 은혜의 무지개는 보좌에 항상 있다.

이 분이 우리의 하나님이요 모든 은혜의 하나님이시다. 그 은혜는 영광스런 왕관의 가장 빛나는 보석이다. 천사들이 이를 보고 놀라며 구속받은 자들은 이로 인해 하나님을 사랑한다. 은혜는 하나님을 우리가 다가갈 수 있는 분이 되게 하며 사랑할 수 있는 분으로 만든다. 다윗은 "여호와께서 내 음성과 내 간구를 들으시므로 내가 그를 사랑하는도다"(시 116:1)라고 노래했다. 하나님은 자격 없는 우리의 목소리를 들으신다.

은혜와 율법

율법을 말하지 않고서 은혜를 이야기할 수 없다. 왜냐하면 서신서에서 은혜는 항상 율법과 대조적인 위치에 놓이기 때문이다. "항상"이라고 말하는 이유는 둘 사이의 대조를 어떤 곳에서는 "이는 너희가 법 아래에 있지 아니하고 은혜 아래에 있음이라"라고(롬 6:14) 명확하게 이야기하고 다른 곳에서는 암시적으로라도 말하기 때문이다. 이 대조는 율법의 삶이 은혜 아래의 삶으로 변화될 때 그 은혜가 분투하는 영혼에게 얼마나 복된 것이며 안식을 가져다 주는지를 이야기한다.

여기서 우리는 은혜를 단순히 하나님의 성품 중 한 요소로 말하는 것이 아니라 믿는 자를 하나님이 보시기에 의롭다고 여기시는 원리로서 말하는 것이다. 이렇게 생각할 수 있는 두 가지 가능한 원리가 있는데 이는 은혜의 근거와 율법의 근거, 즉 율법의 옛 언약과 은혜의 새 언약이다(갈 4:22-26; 히 8:7-13).

은혜 언약을 이해하기 위해서는 율법 언약이 무엇인지를 알아야만 한다. 옛 언약은 하나님이 모세를 통해 도덕법을 주셨던 시내 산으로 거슬러 올라간다. 도덕법은 십계명과 다른 계명을 포함하는데, 그것은 하나님이 "너희는 …하라, 너희는 …하지 말라"고 말씀하신 내용이다. 율법에 기초를 둔 언약은 매우 간단해서 "이를 행하면 그로 말미암아 살리라"고 말씀하신다(출 18:5; 롬

10:5). 그러나 이 말씀은 "이를 행치 못하면 너희는 죽게 되리라"는 의미를 함축한다. 무서운 말씀이다!

유대교의 제의는 사라졌지만 이 언약은 여전히 인간이라면 가장 잘 이해할 수 있는 언약이다. 하나님과의 관계를 생각한다면 길거리의 사람이라도 계명을 자신이 지켜야 할 윤리적 행위의 기초 위에서 생각할 것이다. "이를 행하면 그로 말미암아 살리라"는 명제는 간단하고도 명확하다. 할 수 있는 한 최선을 다하고 아무에게도 해를 끼치지 말며 의무를 수행하라. 만약 하나님이 계시다면 당신에게 기뻐하실 것이다. 만약 천국이 있다면 그곳에 가게 될 것이다.

또한 이것은 그리스도인의 회심 후에도 유효한 언약이다. "이를 행하면 그로 말미암아 살리라"라는 말씀은 그리스도인의 삶에서도 추구해야 할 삶의 체계이다. 더욱 복된 인생이 되고 하나님과의 더 충만한 화평을 발견하고 하나님의 사역에 더 크게 사용되기 위해서는 가장 높은 기준에 합당한 거룩한 삶을 살고, 기도에 더 많은 시간을 쏟고, 섬김에 더 많이 뛰어 들어야 한다고 느끼는 것은 자연스러운 일이다. 이런 원리가 아니라면 다른 어떤 방법으로 하나님의 은혜를 기대할 수 있겠는가? 항상 들어온 이야기 아닌가? 물론 우리의 사고가 이와 같이 명확하게 표현되는 것은 아니지만 우리가 취하는 모든 종류의 태도와 우리가 하는 행동은 실제로 일의 방식이 미묘하게 변형되어 나타난 것이라 할 수 있다. 처음에는 모두 괜찮아 보이고 약속된 축복은 바로 저기 너머에 있는 것처럼 보인다.

하지만 이 일들을 행하는데 실패한다면 어떻게 되는가? 목표에 전혀 도달하지 못한다면 어떤 일이 일어나는가? 그때는 언약의 다른 측면이 효력을 발휘하게 된다. "모든 일을 항상 행하지 아니하는 자는 저주 아래에 있는 자라"(갈 3:10)는 말씀에서도 알 수 있다. 실상은 우리가 율법을 행하거나 이루지도 못했고, 자신을 성결케 하지도 않았기 때문에 옛 언약으로부터 받게 될 결과는 죽음, 즉 비난과 저주이다. 더 강하게 지켜보려는 또 다른 시도를 해야 한다고 느낄 수도 있지만 또 다시 실패하여 더 깊은 죄책감에 빠지게 될 것이다. 궁극적으로 우리가 과연 구원받은 자인가 의심하기 시작한 그 자리로 돌아오게 되고 구원의 확신을 잃은 것처럼 보일 것이다.

실제로 율법이 불어 넣은 죄책은 정확하게 의도된 것이다. 왜냐하면 이러한 방식으로 "이같이 율법이 우리를 그리스도께로 인도하는 초등교사가 되어 우리로 하여금 믿음으로 말미암아 의롭다 함을 얻게 하려"(갈 3:24)는 것이기 때문이다.

> 율법 아래 고통 받습니다
>
> 아, 진실을 배웁니다
>
> 내가 노력할수록 죽어갑니다

율법이 소리칩니다
바로 당신! 당신! 당신!

소망없이 전투가 계속됩니다
그 가엾은 인생이여
나는 고행으로써 구원을 추구했습니다
내 마음이 소리칩니다
바로 나! 나! 나!

그 언젠가 싸움이 끝났습니다
사지가 떨립니다
나무 아래 나를 위해 죽으신 분 계십니다
내 마음이 소리칩니다
바로 그분! 그분! 그분!

 은혜의 언약은 얼마나 다른 것인가? 흥미롭게도 그것은 율법보다 사백 년이나 앞선 것이다. 은혜가 참 은혜가 되기 위해서는, 그것이 주는 복들이 보상에 대한 기대없이, 값없이 제공되는 것이어야 한다. 따라서 이러한 사고의 토대에서 인간은 의로움을 얻기 위해 일하지 않는다(그것은 헛된 소망이다). 오히려 의는 선물로서 그들에게 이미 전가된 것이기 때문에 그리스도의 피가 죄인에게 가져온 것 보다 하나님과의 관계를 더 바르게 할 수 있는 것은 없다.

무엇보다 다행스러운 것은 은혜로 인해 과거 율법 아래 살 때 그것을 성취하느냐의 여부에 달려있어 경험할 수 없던 구원의 확신을 갖게 된다는 것이다. 이는 "그러므로 상속자가 되는 그것이 은혜에 속하기 위하여 믿음으로 되나니 이는 그 약속을 그 모든 후손에게 굳게 하려 하심이라"(롬 4:16)라는 말씀에서도 분명히 가르치고 있다. 확신이 부족한 것은 단지 말씀하시는 하나님을 받아들이는 대신에 자신의 느낌을 찾기 때문만은 아니다. 오히려 자신이 율법의 기준에 부합되는지 안되는지 알지도 못한 채 율법 아래서 살아가기 때문이다. 이 구절은 확신에 대한 실제적인 토대를 제공한다. 은혜에 속하는 것은 믿음으로 되는 것이며 다른 어떤 일도 필요치 않다. 상속자는 믿음으로 확신을 가지게 된다.

은혜와 진리

은혜에 관한 신약의 가르침을 완전하게 이해하려면 요한복음에 나타나는 다음의 중요한 말씀이 분명 포함되어야 한다.

율법은 모세로 말미암아 주어진 것이요 은혜와 진리는
예수 그리스도로 말미암아 온 것이라(요 1:17).

신약을 읽는 대부분의 사람들은 율법과 은혜에 대한 가르침이 대부분 사도 바울의 영역이라는 사실에 익숙하다. 이 가르침은 위대한 두 서신서인 로마서와 갈라디아서 전체와 다른 서신에서도 볼 수 있다. 하지만 사도 요한도 율법과 은혜에 대해 이야기하는 것을 발견할 수 있다. "율법은 모세로 말미암아 주어진 것이요 은혜와 진리는 예수 그리스도로 말미암아 온 것이라"는 진리는 바울에게 만큼이나 사도 요한에게도 근본이 되는 말씀이다.

하지만 여기에서 강조하고 싶은 것은 사도 요한이 은혜와 진리는 그리스도로 말미암아 온 것이라고 말한 부분이다. 요한은 바울처럼 은혜를 율법과 대조시키고 있다. 하지만 요한의 기록에는 은혜에 어떤 독특한 것을 더하고 있다. 그것은 진리를 은혜와 연결시킨 것이다. 그는 은혜가 예수 그리스도를 통해 올 뿐 아니라 진리도 그러하며 따라서 모세를 통해 전해진 율법과 이 둘을 대조시키고 있다. 은혜와 진리가 함께 하는 것이 매우 필요한 일이며 올바르게 연결되기만 하면 모든 것에 생명력을 불어넣게 된다.

이제 "진리"라는 단어는 두 가지 방식으로 사용될 수 있다. 그것은 교리, 즉 복음의 메시지를 지칭하는 데 종종 사용된다. 하지만 다른 곳에서, 특히 요한의 저작에서 진리란 실재, 있는 그대로의 모습을 인정하는 정직함 등을 의미한다. 실제로 진리는 요한이 가장 선호하는 단어들 중의 하나로서 후자의 의미로 사용되고 있다. 요한은 예수 그리스도를 통해 전해지는 것은 은혜만이 아니라 진리도 있음을 이야기하고 있다. 그리고 그는 은혜와 진리는 십자가임을 암시적으로 말하고 있다. 예수님의 십자가가 은혜를 가장 깊이 계시한 것이라면 진리도 그러하다. 이는 하나님에 대한 진리와 특별히 우리 자신에 대한 진리이다. 우리 자신에 대한 적나라한 진리는 십자가에서 우리를 응시하게 한다.

예수님이 죽으신 곳이 바로 십자가이다. 십자가의 죽음이 범죄자를 위해 예비된 형벌이고(로마법이 그러했다) 예수님이 십자가에서 우리의 자리를 취하신 것이라면 우리는 어떤 존재임을 말해주는가? 우리는 범죄자에 불과한 것이다. 그것이 우리에 대한 적나라한 진리이고 주님이 우리를 구원하시기 위해 취해야 했던 자리는 바로 그 사실을 드러낸다. 이것이 얼마나 놀라운 은혜인지 당신은 말하게 될 것이다. 동시에 이것은 우리를 겸손하게 만드는 진리이기도 하다.

하나님의 은혜를 받기에 합당하게 하는 것은 하나님 보시기에 우리는 범죄자임을 인정할 때 뿐이다. 하늘에서 이 땅에 오신 선지자는 하나님의 메시지를 얼마나 능숙하게 균형을 맞추시고 있는가? 예수님으로 말미암는 것이 오직 은혜뿐이라면 메시지는 너무 달콤하고 부드러울 것 같다. 하지만 은혜와 진리가 함께 온다면 어떤 것도 그냥 흘려보내지 않게 된다. 모든 것이 드러나게 될 것이다. 하지만 그와 함께 우리의 모든 죄를 덮는 엄청난 은혜가 있다.

> 주님의 죽음 가운데
> 칠흑같이 어두운 나의 죄가 드러납니다
> 한편 은혜의 신비는 너무나 깊어서
> 나의 죄 또한 감추어 버립니다
> ─존 뉴턴(John Newton)

이처럼 하나님이 우리에게 다가오시는 모든 방식은 은혜와 진리의 입맞춤을 통해서 이루어진다. 하나님은 그때의 필요에 따라 은혜와 진리를 다양한 방식으로 조화시키실 것이다. 어떤 경우에 우리는 자신의 단점 때문에 낙심하고 좌절하여 평소보다 더 스스로에게 집착하는 경향을 보일 것이다. 그럴 때 하나님은 더 많은 은혜로 우리에게 다가오시며 "안심하라 네 죄 사함을 받았느니라"(마 9:2)고 말씀하실 것이다. 어떤 때에 우리는 은혜를 당연히 생각하면서 죄를 용납하거나 타협도 할 수 있을 것이다. 그런 경우에 우리에게 다가오는 메시지는 하나님이 그것을 어떻게 생각하시는지 깨닫게 하려고 진리에 더 큰 무게가 실릴 것이다. 우리의 중심이 파헤쳐지고 죄가 드러나서 다시 회개하게 될 것이다. 그로 인해 주시는 은혜를 받기에 더욱 합당케 될 수 있다. 하지만 은혜는 항상 주요한 강조점을 가진다. 서신서 중의 하나는 은혜가 어떻게 표현되는가를 다음과 같이 분명하게 말하고 있다. "너희 말을 항상 은혜 가운데서 소금으로 맛을 냄과 같이 하라"(골 4:6). 은혜는 주요한 구성요소가 되며 진리는 맛을 내는 양념이며 우리가 다른 사람과 가지는 관계와 하나님이 우리와 가지는 관계로 인한 현재의 필요에 따라 여러 양상으로 나타난다.

이야기 했듯이 "진리"라는 말은 사도 요한의 특징이 나타나는 단어이다. 요한의 기록에 계속적으로 등장하고 각각의 위치에서 특별한 의미를 전달한다. 다음 지문은 여러분에게 반드시 보여주어야만 하는 그런 한 예이다.

요한복음의 어느 구절에서는 이렇게 말한다.

> 악을 행하는 자마다 빛을 미워하여 빛으로 오지 아니하나니 이는 그 행위가 드러날까 함이요 진리를 따르는 자는 빛으로 오나니 이는 그 행위가 하나님 안에서 행한 것임을 나타내려 함이라 하시니라(요 3:20-21).

잘못을 행한 사람은 빛을 싫어해서 자신이 행한 일을 덮어 두기 원하리라는 것을 이해할 수 있다. 하지만 이 구절의 관심은 대조를 하는데 있다. "진리를 따르는 자는…." 이는 이상한 대조가 아닌가? 여러분은 "악을 행하는 자"와의 대조되는 표현은 "선을 행하는 자"일 것이라고 생각했을 수 있다. 이 구절의 의미는 우리가 잘못 행한 것을 보상하려고 선을 행하기 전에 "진리를 따라야" 함을 의미한다. 다시 말해 우리 자신에 대해 정직해야 하며 우리가 행한 잘못에 대해 하나님과 다른 사람들에게 정직해야 할 필요가 있다는 것이다. 우리가 저지른 어떤 잘못에 대해 보상하려고 하기 전에 잘못을 인정하는 것, 즉 "진리를 따라야" 한다는 것이다. 이것이 자신에 대해 정직해 지는 것이다. 따라서 악을 행하는 것의 반대는 진리를 따르는 것이다. 이것이 특별한 시간에 하나님이 우리에 대해 원하는 것이다. 그 후에 빛으로 나아오는 것을 두려워하지 않게 되고 "그 행위가 하나님 안에서 행한 것임을" 나타내게 될 것이다.

  왜 죄에 대해 정직해 지는 것, "진리를 따르는" 것이 필요한가? 그 이유는 "진리를 따른" 후에야 은혜가 임하고 은혜를 통해 잘못을 저지른 자가 용서함을 받는다는 것을 알 수 있기 때문이다. 그 다음에 선을 행하는데로 더 나아갈 수 있고 하나님이 주시는 힘 안에서 모든 것을 정돈할 수 있게 된다. 따라서 선을 행하기 전에 잘못을 저지른 그곳에서 "진리"를 따르도록 해야 한다.

은혜와 회개

생각이 깊은 청중은 이처럼 은혜가 설교되는 것을 들으면 마음이 종종 불편해진다. 혹시라도 "값싼 은혜"에 이를 수도 있기 때문이다. 하지만 안심해도 좋다. 왜냐하면 은혜는 스스로를 책임질 수 있기 때문이다. 은혜는 죄인이 좌절하게 두지 않는다. 하지만 죄인이 책임을 피하게 내버려 두지도 않는다. 은혜에는 동전의 또 다른 면이 있다. "놀라운"은 은혜를 수식하기 위해 자주 사용되는 형용사이지만(유명한 찬송인 "나 같은 죄인 살리신 그 은혜 놀라워"에서처럼) 자신이 죄인이며 죄인의 자리에 당연히 서 있는 자임을 인정해야 한다. 이것만큼 우리를 겸손하게 하는 것은 없다. 자신이 옳았다고 말하기 전에 자신의 잘못을 인정할 때 사람은 진정한 의미의 죽음을 경험하게 된다. 이 부분에 있어서 값싼 지불 같은 것은 없다! 은혜는 그 자체의 특성 때문에 이와 같은 요구를 한다. 그렇기 때문에 악한 사람을 위한 좋은 소식이 되는 것이다. 분명 자신이 그런 대상이 될 만큼 악한 자임을 고백해야 한다. 죄악을 스스로 고백하는 자만이 은혜를 위한 진정한 후보자가 되는 것이다. 공로를 가지고 은혜를 얻으려는 것이 그렇게 인기가 있는 이유는 사람들이 자신을 낮추지 않고서도 상황을 처리할 수 있는 길을 찾으려하기 때문이다. 하지만 성경은 "자기를 낮추는 자는 높아지리라"(눅 14:11)고 말씀한다. 늘 그렇다. 은혜 가운데서 하나님의 일은 늘 이렇게 진행된다.

더 나아가 은혜는 율법이 명하지 않는 방식으로 회개하도록 유도하기 위한 모든 방법을 사용한다. 시내 산 언약의 조건을 생각한다면 감히 잘못을 저지를 수가 없다. 그 언약하에서 당신이 만약 잘못된 일을 행한다면 당신은 타작마당에 있는 것과 같다. 하지만 갈보리 사건으로 인해 상황은 다음 복음성가의 가사처럼 바뀌었다. "크신 자비, 값없이 주어지는 은혜, 주님의 용서가 내게 넘쳐흐르네." 이제 우리는 죄인이라는 것을 인정할 수 있다. 그렇게 할 때 용서함을 받고 하나님과의 관계가 회복되는 것 외에는 어떤 일도 일어나지 않는다. 그럼에도 스스로를 정당화하려고 한다면 그것은 은혜를 알지 못하기 때문일 수 있다.

은혜로 이끄는 것이 없었다면 우리는 정죄를 당하고 하나님은 의로운 분으로 남아있게 되었을 것이다. 설교자인 한 친구가 일상적인 대화에서 단순하지만 깊이 있는 진리를 담고 있는 이야기를 던진 적이 있다. 내용은 이런 것이었다. "부흥이 없는 곳에서는 모든 사람이 자기가 옳다고 한다. 하지만 부흥이 있는 곳에, 즉 예수님이 오신 곳에서는 모든 사람이 자신의 그릇됨을 안다." 따라서 스스로 악함을 고백하는 사람들은 아들의 피를 통해서 하나님과의 관계가 회복된다! 그들은 이 사실을 안다. 따라서 회개와 부흥은 오직 은혜를 재발견할 때 다가옴을 믿어야 한다.

은혜와 거룩

그 동안의 설명에 여전히 만족하지 못하는 독자 중에는 "그렇다면 이것은 무책임한 그리스도인을 만들어낼 가능성도 있으므로 바울이 '우리가 하나님과 함께 일하는 자로서 너희를 권하노니 하나님의 은혜를 헛되이 받지 말라'(고후 6:1)고 말했던 그 조언을 해줘야 할 것이다"라고 말할 수도 있을 것이다. 분명 그럴 수 있다. 사람은 은혜를 남용할 수 있다. 하지만 그것은 하나님이 아시면서도 취하시는 계산된 위험이다. 만약 하나님이 은혜에 대해 엄정하시고 그것이 이루어지기 위한 온갖 종류의 조건을 도입하신다면, 그것은 어떤 사람에게는 환영할 만하겠지만 다른 사람들에게는 절망할 만한 일이 될 것이다. 그것은 자신이 갖고 있는 빈약한 자원의 한계를 넘어서는 일이 되기 때문이다. 그래서 하나님은 은혜가 은혜되게 하기 위해 어떤 조건도 덧붙이지 않기로 결정하셨다. 은혜가 거룩이라는 열매를 맺지 않는다 하더라도 하나님은 다른 어떤 길을 제시하지 않으신다.

그러나 은혜는 반드시 거룩을 생산해낸다. 은혜를 통해 많은 용서를 받은 사람은 그만큼 많은 사랑을 받은 것이다. 사랑을 많이 받은 자는 자신을 용서하신 분을 위해 그 정도로 충분한 만큼의 일을 할 수 없다. 이것은 법적인 요구로서 제시하는 것이 아니다. 오히려 바울이 "사랑으로써 역사하는 믿음"(갈 5:6)이라고 말했던 것의 의미이다. 바울은 하나님 앞에서 죄인이 의롭게 되는 것은 공로에 의한 것이 아니라 믿음에 의한 것임을 역설했다. 바울은 그렇게 되면 사람들이 도덕적으로 해이해져서 굳이 선한 일을 하려고 하지 않을 것이라고 이야기할 사람들이 있다는 것도 알고 있었다. 바울은 실질적으로 "두려워하지 마십시오. 믿음으로 의롭게 된 자들은 선한 일도 할 것입니다. 은혜 안에 있는 믿음은 사랑을 낳고 하나님을 위해 일하는데 있어서 아무런 제한도 없을 것입니다"라고 말함으로써 이에 대한 대답을 하고 있다.

따라서 주님을 위한 일을 거의 하지 않는 사람이 있다면 그것은 그분을 거의 사랑하지 않기 때문이다. 사랑함이 거의 없다면 용서함을 받은 일이 거의 없기 때문이다. 용서함을 받은 일이 거의 없다면 그것은 회개한 적이 거의 없기 때문이다. 따라서 바로 이 지점에서 이제 출발해야만 한다. 바울이 고린도 교인들에게 "우리가 하나님과 함께 일하는 자로서 너희를 권하노니 하나님의 은혜를 헛되이 받지 말라"(고후 6:1)고 권면한 것은 사실이지만 용서함을 많이 받은 자가 자신이 하는 일이 어떠한 지를(은혜를 헛되이 받고 있는 것) 즉시로 깨닫게 되면 회개하여 돌이키리라는 것도 바울은 알고 있었다.

은혜가 하나님을 사랑하고 거룩함과 섬김을 원하는 상태로 이어진다는 것은 간단한 사실이다. 법적인 책임감을 가져오는 율법이 하지 못하는 일이다. 사람들의 삶 속에서 은혜의 메시지가 어떤 결과를 가져오는가를 지켜본다면 "하나님을 찬양하시오, 은혜는 역사합니다"라고 말하게 될 것이다.

선지자 엘리사는 나아만 장군이 자신을 치료해준 대가로 보낸 선물을 거부했다. 그것은 분명한 은혜였다. 그리고 그 결과는 어떠했나? 나아만은 "이제부터는 종이 번제물과 다른 희생제사를 여호와 외 다른 신에게는 드리지 아니하고 다만 여호와께 드리겠나이다"(왕하 5:17)라고 말했다. 그때까지는 이스라엘의 하나님을 몰랐던 이방인 장군의 회심은 구약에 기록된 것 중 분명히 가장 위대한 것이었다. 엘리사는 선물을 받지 않았지만 사람을 얻었다. 은혜의 또 다른 승리라 말할 수 있다.

은혜를 대신하는 은혜

이번 장을 마무리하면서 사도 요한의 말씀을 인용하려 한다.

> 그의 충만한 데서 우리가 다 받으니 은혜 "대신에"(헬라어 직역) 은혜러라(요 1:16).

당신은 죄 대신에 은혜라고 생각했을지도 모르겠다. 하지만 요한은 은혜 대신에 은혜라고 전하고 있다. 그것은 흐르는 물을 바라보며 강둑 위에 서 있는 우리의 모습을 전해준다. 아름다운 광경이다. 헤엄치는 물고기를 볼 수도 있는 이 광경을 기쁘게 간직하려 할 것이다. 하지만 우리가 보고 있는 특정한 물은 곧 과거로 흘러가 버리고 자신만의 특별한 아름다움을 지니고 있는 다른 물로 대체되어 버린다. 이것이 물 대신에 물인 것이다.

하나님의 은혜도 동일하다. 받는 자의 입장에서 보면 그것은 어떤 대가를 치루든 간직해야 할 단순히 고립된 경험이 아니라 사라질 것처럼 보이기 때문에 회복하기 위해 최선을 다해야 하는 대상이다. 은혜는 끊임없이 흐르는 물과 같다. 그것은 처음 은혜는 지나갈 수 있는 것임을 의미한다. 물이 있던 자리에 더 많은 물이 채워지기 때문이다. 은혜 대신에 은혜가 있는 것이다.

> 인내의 저장고가 바닥이 날 때, 하루가 반 밖에 지나지 않았는데 탈진할 때, 축적해 놓은 자원들이 소진되기 일보 직전일 때, 아버지의 충만한 은혜가 시작된다.
> 아버지의 한계는 끝이 없고 그 은혜는 측량할 수 없으며
> 아버지의 능력은 인간이 지각하는 영역을 뛰어 넘는다
> 예수님 안에 있는 무한한 부요함을 통해
> 아버지는 주시고 주시고 또 주신다
> ─ 애니 존슨 플린트(Annie Johnson Flint)

Good News for Bad People

제5장 | 핵심적인 문제- 피 흘림이 없이는 죄 사함도 없다

¹¹육체의 생명은 피에 있음이라 내가 이 피를 너희에게 주어 제단에 뿌려 너희의 생명을 위하여 속죄하게 하였나니 생명이 피에 있으므로 피가 죄를 속하느니라(레 17:11).

¹그 날에 죄와 더러움을 씻는 샘이 다윗의 족속과 예루살렘 주민을 위하여 열리리라(슥 13:1).

¹²염소와 송아지의 피로 하지 아니하고 오직 자기의 피로 영원한 속죄를 이루사 단번에 성소에 들어가셨느니라 ¹³염소와 황소의 피와 및 암송아지의 재를 부정한 자에게 뿌려 그 육체를 정결하게 하여 거룩하게 하거든 ¹⁴하물며 영원하신 성령으로 말미암아 흠 없는 자기를 하나님께 드린 그리스도의 피가 어찌 너희 양심을 죽은 행실에서 깨끗하게 하고 살아 계신 하나님을 섬기게 하지 못하겠느냐(히 9:12-14).

¹⁹그러므로 형제들아 우리가 예수의 피를 힘입어 성소에 들어갈 담력을 얻었나니… ²²우리가 마음에 뿌림을 받아 악한 양심으로부터 벗어나고 몸은 맑은 물로 씻음을 받았으니 참 마음과 온전한

믿음으로 하나님께 나아가자(히 10:19, 22).

⁷그가 빛 가운데 계신 것 같이 우리도 빛 가운데 행하면 우리가 서로 사귐이 있고 그 아들 예수의 피가 우리를 모든 죄에서 깨끗하게 하실 것이요(요일 1:7).

성경을 읽다보면, 처음부터 끝까지 이어지는 중요한 주제가 있다는 것을 곧 발견할 것이다. 그것은 구약과 신약 모두에 피와 피에 의한 구속을 끊임없이 언급하고 있다는 것이다. 이 말을 간과하지 말고 특별한 관심을 가지기를 부탁드린다. 피는 복음에 나타나는 위대한 말씀 가운데 하나이다. 이는 실제로 우리가 생각할 모든 위대한 말씀의 기초가 되며 하나님이 복음을 죄인들에게 전하는 것을 가능하게 한다. 왜냐하면 "영혼을 대속하는 것은 피"이기 때문이며 피흘림이 없이는 아무런 죄사함도 일어나지 않기 때문이다.

알파인 등산가들은 등반할 때 서로를 이어주기 위해서 매우 정교한 사양을 가지는 로프를 사용해야만 한다. 이런 로프는 기준에 맞춰 제작되었다는 표시로 가느다란 빨간 실로 구분이 된다. 예언, 모형, 혹은 성취됨에 있어서 창세기부터 요한계시록까지의 성경 전체를 관통하며 나타나는 예수의 피에 의한 구속은 빨간색 실이라는 예로 설명이 된다. 가인의 제사 대신 하나님이 받으셨던 아벨이 드린 피의 제사에서 시작하여 모세의 율법에 나타나는 동물의 제사, 시편과 선지서가 말하는 메시아의 예언, 십자가 이야기가 담긴 복음서, 서신서 신학, 그리고 요한계시록에서 "합당하시도다 일찍이 죽임을 당하사 각 족속과 방언과 백성과 나라 가운데에서 사람들을 피로 사서 하나님께 드리시고"(계 5:9)라고 어린 양께 드리는 찬양에서 그 예를 찾을 수 있다. 후대의 독자만이 우리의 관점으로 핵심을 분별 할 수 있는 것은 아니다. 히브리서 기자도 분별이 가능해서 이렇게 기록했다.

> 율법을 따라 거의 모든 물건이 피로써 정결하게 되나니 피흘림이 없은즉 사함이 없느니라(히 9:22).

마지막 단어가 부정어로 표현되어 더욱 강력하게 다가온다. 만약 "피흘림으로 죄사함이 있다"고 긍정적으로 표현되었다면 "피흘림이 없은즉 사함이 없느니라"만큼 호소력있고 완전하지 못할 것이다. 즉, 피를 통한 길이 아니고는 하나님께 이를 수 있는 모든 통로는 차단되어 있음을 보여준다. 이는 그룹 천사 중 하나에게 에덴 동편에 "두루 도는 불 칼을 두어 생명 나무의 길을 지키게" 하신 것을 생각나게 한다. 그 날 그룹 천사의 메시지는 '뒤로 물러서라'는 것이었다. 하지만 그룹 천사가 다음 번에 성경에서 등장한다면 메시지는 매우 달라질 것이다. 그렇다면 '다음 번'은 언제가 되는가? 두 개의 금으로 된 형상이 광야의 성막에 서있다. 서로를 향해 얼굴을 마주보고 속죄소를 가리고 있으며 피로 얼룩진 속죄소를 내려다 보고 있다. 칼은 칼집에 넣어져 있다. 이는 일 년에 한 번 속죄소에 뿌려지는 피로 인한 것인데 예언적으로 본다면 하나님의 아들의 피와 가슴에 칼이 넣어져 있는 것을 의미한다. 이제 모든 사람을 위한 죄사함이 있는 것이다. 천사의 메시지는 평이하며 부정적인 것과 긍정적인 것 모두를 갖고 있다. 다른 어떤 길로도 올 수 없지만 피를 통한 방식이라면 이 길로 들어 올 수 있다는 것을 말한다. 그렇게 오는 모든 사람을 환영하기 위해 그룹은 그렇게 서 있는 것이다.

> 여호와께서 칼이 깨어 있도록 명하셨습니다
> 그리스도여 주님을 향하여 칼이 깨어났습니다
> 검이 주님의 피로 목을 축였습니다
> 주님의 심장은 검을 위한 칼집임에 틀림이 없습니다
> 나를 위한 화평이 되셔서
> 이제 그 검은 나를 위해 잠자고 있습니다
> — 커즌 부인

피는 성경을 지배하는 주제일 뿐 아니라 교회의 찬송가에서도 압도적인 비중을 차지한다. 교회에서 사용하는 찬송가와 이후에 부흥의 시기에 사용되던 찬송가 중 몇 가지는 피의 의미를 가장 충만하게 드러내고 있다. 오늘날 나오는 새로운 찬송가들이 피에 대한 가사를 덜 담고 있는 것처럼 비춰지는 것은 슬픈 사실이다. 하지만 부흥의 시기에 그리스도의 피의 교리는 경험, 가르침, 복음증거에 있어 두드러지게 나타난다.

이 사실은 1930년부터 글을 쓰고 있던 때까지 지속되었던 개인적으로 깊이 있게 경험한 유일한 부흥인, 동 아프리카의 부흥에서도 동일했다. 형제들이 계속 불렀던 노래는 "오 정결케 하시는 피가 내게 임했네, 어린 양께 영광, 영광을" 이었다. 여러 곳을 방문했을 때 이 노래가 일단 시작 되면 계속적으로 반복이 되었다. 복음증거의 경험을 나누면서 자신의 인생에 어린 양이 승리하신 것을 기념하는 가운데 이 노래가 울려 퍼졌다.

그것은 실제로 무엇을 의미하는가?

"예수의 피"라는 단어가 널리 퍼지는 것을 본다면 잠시 멈추어 그것이 실제로 무엇을 의미하며 그리스도의 피라는 메시지가 어떻게 교리와 경험에 있어 그만큼의 비중을 차지하는가를 질문하는 것은 좋은 일이다. 상투적인 말로 생각하지 않으려면 말이다.

많은 사람에게, 심지어는 믿는 사람에게도 이 용어를 계속적으로 사용하는 것은 상대방을 불쾌하게 하며 그리스도의 죽음 혹은 그리스도의 십자가에 대해 말하는 것을 더 선호한다는 것을 알아야 한다. 충분히 그럴만하다. 성경에서 이 표현에 덧붙이는 특별한 중요성을 설명하지 않으면 의미없는 상투어로 인식될 수 있다.

사실 그리스도의 죽음과 그리스도의 십자가와 그리스도의 피는 교호적으로 사용될 수 없는 말들이다. 어떤 특별한 상황에 하나님이 아들의 피에 대해 말씀하신다면 그 구절은 진리의 어떤 단면을 표현하기 때문이다. 반면에 다른 용어가 사용된다면 다른 단면을 이야기하기 위함이다. 이 장 후반에 나타나는 세 가지 용어를 살펴보고 의미를 비교할 것이다. 그리고 하나님이 피라는 말을 사용하실 때 그 부분에 대해 지나치게 예민해서는 안 된다.

피의 실제적 의미를 살필 때 인용할 수 있는 다른 어떤 것보다 지금 시점에 도움이 될 구약의 두 가지 모형이 있다. "모형"(type)이라는 단어는 옥스퍼드 사전에 의하면 "다른 것의 실례, 상징, 예언적으로 유사한 역할을 하는 사람, 사물, 혹은 사건"을 의미한다. 구약 전체에 앞으로 올 예수 그리스도에 대한 모든 형태의 모형이 흩어져 있다.

구약에 나타나는 그리스도의 모형

애굽에서 첫 번째 유월절과 문설주에 뿌려진 피는 내가 인용할 첫 번째 모형이다. 이 사건의 배경은 다음과 같다.

> 내가 그 밤에 애굽 땅에 두루 다니며 사람이나 짐승을 막론하고 애굽 땅에 있는 모든 처음 난 것을 다 치고 애굽의 모든 신을 내가 심판하리라 나는 여호와라(출 12:12).

위대한 유월절 사건을 준비하기 위해 히브리인들의 각 가정은 양을 취해서 잡고 솔로 사용되던 우슬초를 가지고 살던 집의 문설주와 인방에 피를 뿌려야만 했다. 하나님은 "내가 피를 볼 때에 너희를 넘어가리니…멸하는 자에게 너희 집에 들어가서 너희를 치지 못하게 하실 것임이니라"(출 12:13, 23)는 약속도 함께 주셨다. 해야 할 일에 대한 하나님의 지시 가운데 아주 중요한 구절이 나타나는데 다른 어떤 구절보다 피의 효력에 대해 많은 설명을 해준다.

> 내가 애굽 땅을 칠 때에 그 피가 너희가 사는 집에 있어서 너희를 위하여 표적이 될지라(출 12:13).

분명 중요한 것은 피 자체가 아니라 피가 가지는 표적(sign)이었다. 그렇다면 그 표적은 무엇인가? 피는 심판이 충족되었다는 표적이었다. 하나님의 심판이 히브리인들을 제외한 애굽의 모든 집에 임할 것이라는 선포가 있었다. 하지만 심판에서 건짐을 받게 되는 것은 단순히 히브리인이기 때문이 아니라 그들이 뿌린 피에 근거한 것이었다. 피가 아니었으면 애굽 사람들의 집과 마찬가지로 심판이 히브리인들의 집에도 동일하게 임했을 것이다. 하지만 피는 그들이 생각한 만큼 심판이 이미 임했다는 사실의 증표였다.

그날 저녁 태양이 지고 있을 때 어느 아버지와 아들들이 문밖으로 나와 아버지가 양 떼와 염소 떼 중에서 취한 어린 양을 죽이려 할 때 아들이 항의했을 것이라는 생각이 든다. 하나님의 지시에 따르면 집안에 있은 지 나흘이 되었기 때문에 어린 양은 집안에 있는 애완동물과 같은 느낌이 들었을 것이다. 하지만 아버지는 "아들아, 이 어린 양이 죽지 않으면 네가 죽어야 한다"고 말했으리라 생각한다. 그래서 아버지는 어린 양을 잡았고 그 피를 문설주와 인방에 뿌렸다. 그렇게 피는 표징으로서 거기에 있었다. 아들 대신에 어린 양에게 심판이 임한 것이다. 그래서 아들에게 그날 밤은 평화롭게 지나갔다. 하나님은 그 피를 보셨고 자신의 말씀대로 신실하게 행하셨기 때문이다. 하나님은 보호자로 서 계셨고 심판의 천사가 들어가도록 허락하지 않았다. 무엇보다 문 위에 뿌려진 피를 보았기 때문이었다.

이 구절은 그리스도에 대한 구약의 위대한 모형들 중 하나였다. 이 모형은 베드로전서의 "너희가 알거니와 너희 조상이 물려 준 헛된 행실에서 대속함을 받은 것은 은이나 금 같이 없어질 것으로 된 것이 아니요 오직 흠 없고 점 없는 어린 양 같은 그리스도의 보배로운 피로 된 것이니라 그는 창세 전부터 미리 알린 바 되신 이나 이 말세에 너희를 위하여 나타내신 바 되었으니"(벧전 1:18-20)라는 구절에서 입증하고 있다. 피에 대한 주제를 다루는 것이 설교자가 의례히 하는 일이라고 생각하지 않으시길 바란다.

분명한 모형이 되는 성경말씀인 "그 피가 너희를 위하여 표적이 될지라"는 우리가 생각하는 문제에 대해 여러 가지 생각할 거리를 던져준다. 모형에서처럼 예표에서도 그렇다. 중요한 것은 육체로서 역사 속에서 흘린 그분의 피가 아니라 증표로서의 그리스도의 피다. 그것은 심판이 충족되었다는 증거로서의 피다. 우리가 받았어야 할 심판이 십자가 위의 예수에게 임했고 예수님은 그 심판을 온전히 받아들였다. 그것은 하나님이 완전히 만족하실 만큼의 심판이었다.

히브리서의 한 구절은 예수의 피를 "새 언약의 중보자이신 예수와 및 아벨의 피보다 더 나은 것을 말하는 뿌린 피"(히 12:24)로 생각한다. 무엇을 말하려 하는 것인가? 바로 하나님의 귀에 그 다음엔 믿는 자에게 끊임없이 반복되고 있는 "다 이루었다"(요 19:30)고 십자가에서 외친 말씀이다. 다시 말해 죄에 대한 심판이 이루어져서 더 이상 죄사함을 위해 인간의 공로가 필요하지 않다는 말씀이다. 그것은 "몸을 단번에 드리신 것"이다. 피는 그리스도의 성취된 사역에 대한 영원한 표적이다.

> 주는 당신에게 하늘에서
> 가장 아름다운 옷을 입으라고 명하신다
> 이 보다 더 좋은 옷을 입을 수 있겠는가?
> ― A. M. 하웰(A. M. Howell)

유사한 구약의 모형

특별히 주목해야 할 구약에 나타나는 예수 그리스도의 모형은 민수기 19장에 나오는 암송아지의 재로 제사를 드리는 것이다. 이것이 히브리서에서는 예수 그리스도의 피에 분명하게 적용되고 있다. 우리들 대부분은 조금 전 생각했던 유월절 어린 양의 모형만큼 익숙한 것은 아니지만 그렇다고 해서 덜 중요한 것은 결코 아니다. 민수기 19장에서는 의식상 부정해 진 사람을(모세의 율법에서는 어떤 형태로도 죽은 것과 접촉하게 되면 부정하게 된다) 정결케 하는 부분을 다룬다. 그래서 율법은 즉각적으로 정결케 하여 회복시킬 수 있는 수단을 제공하고 있다. 붉은 암송아지를 잡아서 제단 위에 그 피를 뿌리고 사체는 태워 재로 만들어 이스라엘 백성을 정결케 하기 위한 소중한 매개체로서 세심하게 보존한다. 부정하게 된 사람이 정결해지기를 원하면 "정결한" 이스라엘 사람에게 자신을 위한 작은 의식을 행하도록 요청해야 한다. 친구가 암송아지의 재를 조금 취하여 그것을 물과 섞고 우슬초로 그 사람 위에 뿌리게 되면 정결케 되는 것이다(민 19:11-20). 광야 사십 년 동안 전체 세대가 죽어서 땅에 묻히게 되면서 부정해졌다가 정결하게 되는 수많은 과정이 이런 방식으로 이루어졌을 것이다.

여러분은 모세의 의식을 오늘날에는 의미를 갖지 않는 여러 의식 중 하나로 지나칠 수도 있을 것이다. 다만 신약의 히브리서에서 이상하면서도 주목하지 않을 수 없을 정도로 언급되는 것을 제외하고는 말이다.

> 염소와 황소의 피와 및 암송아지의 재를 부정한 자에게 뿌려 그 육체를 정결하게 하여 거룩하게 하거든 하물며 영원하신 성령으로 말미암아 흠 없는 자기를 하나님께 드린 그리스도의 피가 어찌 너희 양심을 죽은 행실에서 깨끗하게 하고 살아 계신 하나님을 섬기게 하지 못하겠느냐(히 9:13-14).

이 구절만이 암송아지의 재를 예수 그리스도의 피의 예언적

모형으로서 확인하기에 충분하다.

    이와 같은 전체적인 이미지는 우리에게 꽤나 이상하게 비쳐질 것 같다. 이런 이미지를 보고 내용을 이해하게 되었던 그 날이 기억이 난다. 서재에서 왔다 갔다 하며 이렇게 말했다. "그래, 그래. 재를 태울 수는 없지. 재는 불이 자신의 역할을 다 마칠 때 남겨진 것이야. 재는 사라져 버린 불을 기념하는 것이다." 더군다나 예수의 피는 꺼져 버린 불을 기념하는 것이자, 표징이 되는 것이다. 인간의 죄에 대한 하나님의 분노의 불이 주 예수의 몸에서 타올랐고 예수의 피는 그 사역이 완수되었다는 것을 끊임없이 증거하는 것이다.

    믿는 자에 대한 심판에는 재외에는 어떤 것도 남아 있지 않다. 이로 인해 죽은 행실과 자신을 정죄하는 모든 것으로부터 양심이 깨끗해져서 살아 계신 하나님을 섬길 수 있게 된다. 그리스도의 사역이 가져 온 새로운 그림은 인간의 공로가 더해 질 필요가 전혀 없다는 것이다. 세월이 지나 명확하게 기억할 수는 없지만 연구에 있어서 어느 정도 진보가 있었다는 생각이 든다.

눈보다 더 하얀

    메시아 앞에 있는 것처럼 살던 신실한 다윗이었지만 우리가 십자가의 이야기를 통해서 모세의 율법을 보는 것과 같은 것을 볼 수는 없었을 것이다. 하지만 나는 다윗이 본 것에 놀라게 된다. 간음과 살인이라는 이중적인 죄악을 저지른 후에 하나님께 회복을 간구하고 회복되었던 비탄의 시편 속에는 매우 특별한 기도가 나온다.

> 우슬초로 나를 정결하게 하소서 내가 정하리이다 나의 죄를 씻어 주소서 내가 눈보다 희리이다(시 51:7).

이 구절의 첫 번째 부분이 한 동안 이해가 가지 않았다. "우슬초로 나를 정결하게 하소서…." 무엇보다 "정결하게"(purge)라는 단어는 벗겨내고 문지르는 다소 힘든 과정이라는 인상을 주는 것 같았다. 결국 이 단어는 단순하고 친숙한 말인 "정결하게"(cleanse)라는 단어로 번역되어야 한다는 것을 깨닫게 되었다.

다음에는 "우슬초"라는 단어이다. 어느 날 다른 부분에 있는 병행 구절을 보여주는 관주를 보니 민수기 19장 18절을 가리키고 있었다. 우슬초로 된 솔로 부정한 자에게 암송아지의 재를 뿌리는 의식이 언급되었다. 우슬초에 대한 언급은 내게 결정적인 실마리가 되었다. 우슬초는 유월절 밤에 사용되었는데 정결하게 하기 위한 용도로서 사용되었다는 증거는 보이지 않는다. 하지만 우슬초는 암송아지의 재를 뿌리는데 사용되었고 이때는 정결하게 하기 위한 용도로 사용되는 것을 많이 보게 된다. 이 경우에는 정결함이 전체의 목적이 된다. 의심할 바 없이 다윗은 기도하면서 우슬초가 사용된 두 사건 중 후자를 염두에 두었던 것이 확실하다. 흠정역(Authorized Version) 편집자가 그런 관점에서 관주에 민수기 19장을 언급한 것은 옳은 것이다.

나는 다윗이 문자 그대로 자신에게 재를 뿌리기를 간구한 것이 아니라 그것이 영적으로 상징하는 것을 원했다고 생각한다. 다윗은 자신의 죄가 너무나 심각해서 불을 통한 정결함이 필요하다고 생각했을 것이다. 하지만 모세의 규례처럼 그것은 꺼져버린 불이었다. 그래서 모세는 기도했다. "우슬초로 나를 정결하게 하소서 내가 정하리이다."

다윗은 여기에서 더 깊은 기도로 나아가는데 매우 놀라운 기도로 이어지고 있다. "나의 죄를 씻어 주소서 내가 눈보다 희리이다." 눈보다 더 하얀 것은 존재하지 않는다. 눈은 내가 아는 것 가운데 가장 희다. 어떻게 다윗이 그러한 은혜의 개념을 발견하여 밤보다 어두웠던 그가 눈보다 하얗게 되기를 기도할 수 있었는지 궁금할 따름이다. 우리는 눈보다 더 하얀 것이 존재할 수 있는지 스스로에게 질문해 볼 수 있다. 분명히 더 하얀 것이 존재할 수 있다. 그것은 바로 예수 그리스도의 피로 깨끗해진 마음과 양심이다. 타락하기 전의 아담의 상태는 눈과 같이 희었다고 말할 수 있다. 하지만 피로 정결케 되면 눈보다도 희어지게 된다. 타락하기 전의 아담보다 더 좋은 상태로 회복되는 것이다. 정결함을 다루는 이번 장에서 우리는 "눈보다 희다"는 것이 무엇을 의미하는지 아주 자세하게 생각해 볼 것이다. 거의 믿을 수 없을 정도의 내용을 담고 있다. 예수의 피의 권세에 대한 이야기는 다윗의 시편 중간에 담겨 있다. 위대한 진리는 죄를 죄라고 인정할 때 예수의 피를 통해 이루어지는 것보다 당신이 하나님 보시기에 더 하얗게 될 수 없다는 것이다. 불은 이미 꺼졌고 사역은 종결되었다.

하지만 예수의 피를 통해 임하는 것은 정결함뿐 아니라 복음의 다른 모든 축복들도 포함된다. 그의 피에 의한 용서(정결함과 다른 것인데 이후의 장에서 살펴볼 것이다), 그의 피에 의한 화목, 그의 피에 의한 칭의(하나님 앞에서 전가된 의), 그의 피에 의해 하나님의 임재가 있는 지성소에 들어갈 수 있는 담대함, 그의 피로 사단을 이기는 것들이 그러한 축복에 속한다. 우리가 죄인의 자리에 앉아 있을 때 예수의 피의 권세에 의해 이 모든 축복들과 다른 많은 복들이 우리에게 구체적으로 전해지는 것이다. 가장 중요한 사실은 예수의 피는 죄를 죄로 고백한 죄인들에게 오로지 역사한다는 것이다. 변명하는 자에게는 그 피가 임하지 않는다.

예수의 피는 하나님께 충분한가?

이제는 앞서 사용했던, 예수님이 십자가에서 흘리신 자신의 피로 "하나님이 전적으로 만족"하실 수 있도록 우리의 죄를 다루셨다는 내용의 구절로 돌아가고자 한다. 이는 중요한 포인트다. 예수님께서 흘리신 피는 하나님이 만족하실 만한 것인가? 그것으로 충분한가? 인간의 죄의 소름끼치는 본질이 그토록 수치스럽고 한번 뿐인 인생에 그렇게 많은 죄로 점철된다는 것을 생각해보자. 그렇다면 다른 모든 사람의 죄를 덮기 위한 피도 배가되어야 할 것이다. 모든 사람은 정의를 위해 울부짖게 될 것이다. 그렇다면 예수님이 죄를 위한 영원의 희생을 드렸다는 것이 가능하며 그것은 하나님을 만족하게 할만한 것인가?

성경은 그렇다고 말하고 있다. 하지만 어떤 사람들은 자신의 실패와 결점으로 인해 자신의 양심에 어려움을 겪는 것을 이해할 수 있다. 나와 다른 사람들의 경험을 보면 회개한 후에도 여전히 많은 범죄를 다시 저지를 수 있다는 것을 안다. 화목이 일어나는 것을 어렵게 하는 것은 죄의 심각함 때문만은 아니다. 죄인이 가지는 개인적인 양심의 민감함 때문일 수도 있다. 어떤 이들은 다른 사람들이 가볍게 여기고 심지어는 웃어넘길 수 있는 문제를 가지고 심각하게 씨름하고 있다. 하지만 그것과 씨름하고 있는 사람에게 그 문제는 작은 것이 아니다. 그런 문제를 안고 있는 사람들과 상담하면서 때로는 이렇게 말해야만 했다. "만약 하나님이 십자가 위에서 아들이 당신을 위해 행한 일에 만족하신다면 당신은 왜 만족할 수 없는가?" 하나님은 아들의 사역에 만족하셨고 가능한 가장 설득력 있는 방식으로 그 만족함을 선포하셨다. 그것은 우리의 주, 예수를 죽은 자 가운데서 부활시키신 것이다.

당신을 위해 인용하는 로마서 구절의 주제는 불가능한 것을 약속하신 하나님을 믿으려 하는 아브라함에 대한 것이다. 그 약속은 아브라함과 사라가 아이를 가질 나이를 넘겼는데도 아들이 생기리라는 약속이다. 아브라함은 그 약속을 믿기 위해 애를 썼는데 궁극적으로는 "바랄 수 없는 중에 바라고 믿었던"(롬 4:18) 것이며 그렇게 이루어 질 것이라고 생각했다. 그래서 성경은 그 아브라함의 믿음이 의로 여겨졌다고 말하고 있다. 성경에서는 이어 이야기한다.

> 그에게 의로 여겨졌다 기록된 것은 아브라함만 위한 것이 아니요 의로 여기심을 받을 우리도 위함이니 곧 예수 우리 주를 죽은 자 가운데서 살리신 이를 믿는 자니라 예수는 우리가 범죄한 것 때문에 내줌이 되고 또한 우리를 의롭다 하시기 위하여 살아나셨느니라(롬 4:23-25).

하나님은 모든 빚이 청산되었고 우리를 위하여 흘리신 아들의 피에 만족하신다는 선포로서 예수를 죽은 자 가운데서 일으키셨다. "예수님이 빚을 갚지 않으셨다면 그는 결코 자유하지 못하셨을 것이다." 이러한 이유 때문에 구원을 다루는 바울의 본문이 이렇게 기록되어 있는 것이다.

> 네가 만일 네 입으로 예수를 주로 시인하며 또 하나님께서 그를 죽은 자 가운데서 살리신 것을 네 마음에 믿으면 구원을 받으리라(롬 10:9).

나는 바울이 구원을 그렇게 잘 표현하지는 못했다고 생각한 적이 있다. 나라면 이렇게 말했을 것이다. "당신이 입으로 고백을 하고 예수님이 당신을 위해 죽으셨다는 것을 마음으로 믿는다면…" 하지만 이것은 중요한 문제를 해결하지 못한 상태로 남겨두게 된다. 그것은 피흘림으로 충분한가 하는 문제이다. 하나님은 최종적인 권위를 가지는 도덕적인 중재자로서 나를 위해 예수님께서 하신 일에 만족하시는가? 이 문제가 분명히 해결되지 않으면 양심은 여전히 불안한 상태로 있을 것이다. 양심은 거스를 수 없는 것이어서 짚고 넘어가야 할 문제가 생기면 그에 대한 질문을 하게 된다. 하지만 예수님이 "영원한 언약의 피로 죽은 자 가운데서 이끌어 내지셨다"(히 13:20)는 말씀은 그분의 충분한 피 흘리심 안에 능력이 있다는 증거이다. 그리스도의 십자가 사역이 "그리스도의 완성된 사역"이라 불리는 이유가 그것이다.

> *그것은 분명 나에게 충분한 것입니다*
> *그것은 분명 나에게 충분한 것입니다*
> *그리스도의 피가 하나님께 충분한 것이라면*
> *그것은 분명 나에게도 충분한 것입니다*
> ―두안 플래시(Duane Plash)

이 가사로 합창을 하면 어떠한가? 이 메시지를 들으면서 우리와 함께 앉아 있었던 미국의 찬양사역자가 지은 것이다. 어느 날 가사와 음악이 담긴 이 합창곡을 내게 건네었는데 그것은 자신이 배운 것과 새로 얻은 자유의 결과물이었다. 이 내용을 세상에 소개할 때 마다 다른 사람들도 동일한 자유를 얻게 되었다.

피를 뿌리는 것

이제 우리는 너무나도 중요한 피뿌림의 문제에 다다르고 있다. 그 동안 피흘림에 대해 생각해 보았지만 그것은 결국 피뿌림이라는 적용의 문제로 이어진다. 예수님의 피흘림은 하나님의 사역으로서 하나님의 계획에 따라 일어난 것이었다. 하지만 자신의 죄와 관련해서 양심에 그 피를 뿌리는 것은 우리가 해야 할 일이다. 그렇게 하지 않으면 예수님의 피흘림은 개인적인 경험으로 볼 때 헛된 일이 된다. 이 주제의 중요성은 구약과 신약 모두에서 마흔 한 번이나 언급되고 있는 사실로 미루어 볼 수 있다.

우리는 이미 애굽의 유월절 밤에 뿌려진 피와 부정한 자에게 뿌려진 암송아지의 재(피를 상징하는)를 살펴본 적이 있다. 하지만 모세의 율법에서 피는 그와는 다른 많은 대상에게 뿌려진다. 제단 위에, 대제사장으로서 거룩히 구별하는 날에 아론에게, 모세가 백성들에게 낭독하는 언약 책에, 듣고 있는 백성들에게, 나병환자가 회복되는 날에 당사자에게 뿌려지게 된다.

피뿌림은 구약뿐 아니라 신약에도 나타난다. 뿌려지는 유일한 피는 황소나 염소의 피가 아니라 주 예수 그리스도 자신의 피다. 그분의 피가 흐르는 것만으로는 충분하지 않다. 다시 말해 그 피는 믿음을 통해 각 사람들에게 바로 오늘날까지 적용되어야 하는 것이다.

예수 그리스도의 피뿌림과 관련하여 신약에 세 개의 중요한 언급이 나타난다. 피뿌림에 관한 첫 번째 언급은 히브리서 12장의 "그러나 너희가 이른 곳은…새 언약의 중보자이신 예수와 및 아벨의 피보다 더 나은 것을 말하는 뿌린 피니라"(히 12:22, 24)는 구절에 나타난다. 나는 "뿌린 피"라는 표현이 "뿌리기 위한 피"를 의미한다고 말하고 싶다. 우리가 특정한 죄나 잘못을 저지른 상황에 적용하기 위해 존재하는 피이다. 성경은 피를 바른다는 의미로 이 단어를 사용한다. 아벨의 피와("네 아우의 핏소리가 땅에서부터 내게 호소하느니라" 창 4:10) 하나님께 호소하는 예수 그리스도의 피가 참으로 아름답게 대조되고 있다.

> 복수를 요구하는 아벨의 피가
> 하늘에 사무치고 있습니다
> 하지만 예수의 피는
> 우리 죄의 용서를 위해 소리치고 있습니다
> 죄로 얼룩진 가슴 위로
> 그분의 피가 뿌려질 때
> 사탄은 혼란에 빠지고
> 공포에 질려 떠나버리게 됩니다
> ─캐스월(E. Caswall)

오늘날 설교자들이 피에 대해 말하지 않는다는 불평이 종종 들린다. 사실이든 그렇지 않든 우리에게 더 중요한 것은 피에 대해 설교하는가의 여부가 아니라 우리 스스로에게 그 피를 적용하고 있는가 하는 것이다. 피를 적용하는 것은 그렇게 불평하는 사람의 비판적인 영혼부터 시작할 필요가 있을 것이다. 피를 뿌려야 할 대상은 너무나도 다양하다. 피는 그러한 목적을 위해 존재하며 그것으로부터 우리의 평강과 기쁨이 지속될 수 있다.

피뿌림에 관한 두 번째 언급도 히브리서에 나타난다. "그러므로 형제들아 우리가 예수의 피를 힘입어 성소에 들어갈 담력을 얻었나니…우리가 마음에 뿌림을 받아 악한 양심으로부터 벗어나고…하나님께 나아가자"(히 10:19-22)는 구절이다. 이 구절에서 피가 뿌려지는 곳은 바로 우리의 양심이라고 말하고 있다. 방금 말한 것처럼 양심이라 불리는 인간의 기능은 얼마나 거침이 없는가! 양심은 한 번 더럽혀지면 그 어떤 것도 달래는 것이 불가능해 보인다. 이 구절에서 양심은 마음의 한 부분으로 묘사되고 있다. 실제로 양심은 마음 중의 마음이라고 말할 수 있을 것이다. 그것은 양심이 평화롭지 못한다면 마음 전체가 평화롭지 못할 것이기 때문이다. 하지만 양심이 깨끗하다면 사람 전체가 다 깨끗할 것이다. 어떻게 그것이 가능한가? 바로 회개와 믿음을 통해서다. 추궁당하는 죄에 대해서는 명백하고도 확실한 회개와 피에 대한 분명한 믿음이 그것을 가능케 한다. 성경에는 "그의 피로써 믿음으로 말미암는 화목제물로 세우셨으니"(롬 3:25)라고 기록하고 있다. 그렇다면 여러분은 다시 "그의 십자가의 피로 화평을 이루사"(골 1:20)라는 말을 깨닫게 될 것이다.

마음에 뿌림을 받아 악한 양심으로부터 벗어남을 이야기하는 문장은 "몸은 맑은 물로 씻음을 받았으니"라는 구절로 이어진다. 몸은 외적으로 드러나는 삶을 의미한다. 피가 내적 생명인 양심을 깨끗하게 할 때 외형적인 삶의 모습이 정돈될 필요가 있을 것이다. 사과와 보상을 하고 도둑질한 물건을 돌려주며 모든 일에 있어서 필요한 조정을 할 뿐 아니라 하나님이 이끄시는 어떤 일도 행해야 할 것이다.

피뿌림에 관한 세 번째 언급은 베드로전서에 나타나는 "곧 하나님 아버지의 미리 아심을 따라 성령이 거룩하게 하심으로 순종함과 예수 그리스도의 피뿌림을 얻기 위하여 택하심을 받은 자들에게 편지하노니"(벧전 1:20)라는 구절에 있다. 나는 "순종함과 피뿌림"이라는 문법적인 구조가 "순종하여 예수 그리스도께서 피를 뿌리신 것"을 지칭한다고 생각한다. 문설주에 피를 뿌리는 것은 이스라엘 백성들 편에서 순종해야 할 행동이다. 하나님은 그렇게 행하라고 명령하셨다. 우리가 죄에 예수 그리스도의 피를 뿌리는 것도 순종의 행위이다. 그래서 순종적인 그리스도인은 죄를 깨닫게 될 때마다 성령의 인도에 즉각 순종하여 그대로 행하는 사람이다.

우리는 승리하는 삶의 본질이 순종이라는 말을 종종 듣는다. 나는 그 의미에 대해 늘 생각해 보았다. 미래를 위해 일괄적인 순종을 약속하는 것인가? 아니면 올바른 행동을 할 생각이 없는 상황에 직면하지만 결국에는 그렇게 행하기로 동의하는 것을 의미하는가? 물론 그것은 정말로 순종하는 행동이 될 것이다. 하지만 성령께서 내가 잘못했다는 확신을 주실 때 순종하여 그리스도의 피를 적용한다는 개념이 훨씬 더 도움이 될 것이다. 물론 그것은 매번 죄를 죄로 부르는 것을 함의하지만 순종의 일부인 것은 확실하다.

이 개념은 신약의 여러 도덕적인 경고를 다룰 때 도움을 준다. 그것들을 어떻게 은혜의 메시지와 조화를 시킬 것인가? 다음과 같은 방식으로 가능하다. 어떤 도덕적인 명령이 내게 두드러지게 다가온다면 그것은 어쩌면 금지된 어떤 일을 지금 하고 있거나 해야 할 어떤 명령을 행하는 데 실패하고 있기 때문일 수 있다. 그런 경우에 분명 순종을 위한 첫 걸음은 그 문제에 대해 회개를 하고 피를 그 위에 뿌리는 것이다. 아니면 오늘 말한 바와 같이 "그 문제를 그리스도의 피 아래로 가져가는 것"이다. 하지만 도덕적인 명령에 대해 어떤 흠도 발견할 수 없다면 어떤 일을 행할 필요는 없다. 어떤 일에 있어 부족함을 깨닫게 된다면 이런 도덕적 훈계는 단순히 미래를 위한 새로운 약속이나 현재를 위한 새로운 노력을 위한 부르심이 아니라 무엇보다 회개를 하라는 부르심이 된다. 그리고 그것은 그리스도의 피를 의미한다. 그 후에 필요하다면 다른 사람에게 보상하고 사과해야 한다. 그래서 보통 순종의 첫걸음은 예수 그리스도의 피를 뿌리는 것(적용하는 것)이 된다.

이 특별한 구절은 아버지 하나님의 선택과 거룩하게 하시는 성령의 사역의 목적이 "예수 그리스도의 피를 순종하여 뿌리는" 모든 행위이며 이를 통해 순종하여 그리스도의 피를 뿌리는 그리스도인이 됨을 말하고 있다.

이제 용기를 갖기 바란다. 보통 은혜와 관련되는 도덕적인 명령은 더 잘 하기 위해 노력하라는 육신에 대한 호소가 아니다. 신약에서 말하고 있는 모든 내용을 그렇게 시도한다면 실패할 수밖에 없다(롬 7:17-20; 8:6). 그 훈계들은 명령한 모든 계명을 행할 수 있는 잠재력을 가진 사람들에게 주어진 것이다. 그것은 그리스도 자신이 그들 안에 거하기 때문에 가능하다. 그런 경우조차도 이들의 반응은 자신이 실패한 바로 그곳에 예수 그리스도의 피를 순종하여 뿌리는 것이 선행되어야 한다.

세 가지 표현

이제 우리는 이번장 앞부분에 있는 지문에서 언급한 세 가지 표현인 그리스도의 죽음, 그리스도의 십자가, 그리스도의 피를 다시 한 번 살펴 볼 시점에 있다.

이 표현들은 교호적으로 사용할 수 없고 각각이 진리의 다른 양상을 표현하는 것이며 하나님은 이 표현들을 무차별적으로 사용하지 않으신다는 것을 이미 말했다. 일반적으로 말해서 각각의 단어는 자신만의 특별한 의미와 강조점을 가지고 있다.

이들이 표현하는 진리의 다른 국면이란 무엇인가?

우선 그리스도의 죽음이 있다. 예를 들면 이 표현은, "그의 아들의 죽으심으로 말미암아 하나님과 화목하게 되었은즉"(롬 5:10)이라는 구절에서도 등장한다. 이는 삼위 하나님 중 제 이 위격이신 분이 "자녀들은 혈과 육에 속하였으매 그도 또한 같은 모양으로 혈과 육을 함께 지니심은 죽음을 통하여 죽음의 세력을 잡은 자 곧 마귀를 멸하시며 또 죽기를 무서워하므로 한평생 매여 종 노릇 하는 모든 자들을 놓아 주려 하심이니"(히 2:14-15)라고 표현하는 완전한 죽음에 처하셨다는 비상한 사실을 언급하는 것이다.

이어서 그리스도의 십자가가 있다. 이는 "죽기까지 복종하셨으니 곧 십자가에 죽으심이라"(빌 2:5-8)는 말씀에 나오는 바와 같다. 그리스도가 자신을 낮추신 것은 단순히 죽음으로서가 아니라 특정한 형태의 죽음인 십자가의 죽음을 통해서다. 물론 수치를 당하지 않고 죽는 죽음, 예를 들면 침상 위에서나 전장 속에서 죽는 것과 같은 죽음의 형태도 있다. 하지만 십자가에서의 죽음은 이와는 다르다. 십자가에서의 죽음은 로마가 범죄자들에게만 예비해 놓은 죽음이며 유대인들은 오직 하나님의 저주를 받은 자들을 위한 죽음이다. 유대인의 경우에는 십자가를 성경에 나오는 것처럼 "나무"라고 지칭했다(신 21:22-23; 갈 3:13). 하지만 어떻게 불려지든 간에, 십자가는 그리스도에게 불명예와 수치를 가져다주었다. 그것은 우리가 알고 있는 가장 위대한 깨어짐의 서사시이며 하나님의 깨어짐이다. 우리의 깨어짐이 아니다. 신의 깨어짐은 항상 피조물의 깨어짐을 촉발해서 죄인의 자리에 서서 자비를 구하게끔 하는 의도가 있다.

그리스도의 피 또한 다른 것이다. 그리스도의 피는 "다 이루었다"고 말씀하시고 그의 영혼이 떠나신 후에야 실제적으로 흘린 것이었다. 로마 군인이 창으로 옆구리를 찔렀을 때 피와 물이 흘러나왔다. 우리가 알고 있는 것처럼 그 피는 심판이 충족되었고 구속 사역이 완성되었다는 상징이었다(출 12:13; 요 19:30). 그 피의 권세로 가장 연약한 성도도 "요단을 완전히 건너" 충만함에 이르게 되는 것이다. 그의 피는 하나님을 찾는 자에게 안식과 고통에서의 놓임을 가져다주는 기쁨과 승리의 메시지인 것이다.

십자가에 관한 찬송가와(성금요일 찬송) 예수의 피에 대한 찬송가 사이의 차이점을 주목하는 것은 흥미롭다. 전자는 엄숙한 찬송이다. 우리를 위해 하나님이 깨어지신 것을 기념하는 것이기 때문에 그러하다. 하지만 피에 대한 찬송들은 보통 기쁨이 넘치고 리듬감이 있다. 때로는 불경스럽다는 생각 할 수도 있겠지만 이런 찬송들도 역시 합당한 것이다. 왜냐하면 그리스도의 피가 죄인에게 가져오는 승리를 기념하는 것이기 때문이다.

이 장을 마무리하기 전에

이 장을 끝내면서 갑자기 어떤 내용을 덧붙여야겠다는 느낌이 든다. 특별히 피에 대한 부흥의 개념에 여전히 문제를 안고 있는 사람들을 위해서다. 성부, 성자, 성령의 삼위일체에 그리스도의 피가 네 번째 위격이 될 정도로 그의 피를 높이게 될 위험이 있지 않겠냐고 말할 수도 있을 것이다. 그렇다. 그런 위험이 있다. 하지만 그것은 여전히 그리스도의 피다. 우리에게 너무나도 소중한 것이고 죄인을 위해 하나님과 함께 하는 권세를 허락하는 것은 바로 그리스도의 피다. 그의 피에 다른 인상을 부여하는 것은 경계해야 한다. 하지만 십자가보다 소중한 것은 바로 예수님이다. 예수님이 달리셨던 십자가는 여전히 그리스도 바깥에 있던 것이지 그리스도의 일부가 아니다. 하지만 피는 그리스도의 일부이다. 예수님이 피를 쏟으셨을 때 자신의 생명도 쏟으셨다. 왜냐하면 "육체의 생명은 피에"(레 17:11) 있기 때문이다. 그래서 여러분이 피에 대해 이야기할 때 그리스도에 대해 이야기하고 있는 것이며 그의 소중한 이름을 찬양하게 되는 것이다.

제6장 | 죄 있는 자를 위한 용서

¹⁸주와 같은 신이 어디 있으리이까 주께서는 죄악과 그 기업에 남은 자의 허물을 사유하시며 인애를 기뻐하시므로 진노를 오래 품지 아니하시나이다(미 7:18).

⁷우리는 그리스도 안에서 그의 은혜의 풍성함을 따라 그의 피로 말미암아 속량 곧 죄 사함을 받았느니라(엡 1:7).

³²서로 친절하게 하며 불쌍히 여기며 서로 용서하기를 하나님이 그리스도 안에서 너희를 용서하심과 같이 하라(엡 4:32).

한 친구가 용서에 대한 나의 강의 내용을 담고 있는 카세트 테이프를 어떤 그리스도인에게 건네 주었는데 그가 감사하면서 이렇게 말했다고 한다. "솔직히 말해서 저는 용서에 관한 성경의 모든 가르침을 알고 있다고 생각합니다. 용서는 저에게 친숙한 초보적인 진리 가운데 하나입니다."

친구가 대답했다. "당신은 용서와 포기가 항상 연계된다는 것을 아시나요? 죄인인 우리를 용서하기 위해서는 우리를 향한 고소를 중지하고 스스로 손해를 감수해야 한다는 것이지요. 똑같은 사실이 우리에게도 적용된다는 것을 아시나요? 다른 사람이 저지른 잘못을 용서하기 위해서 우리는 상대방에 대해 제기한 고소를 중지하고 스스로 손해를 감수해야 하는 것입니다. 그 사실을 알고 계시나요?"

그가 대답했다. "아니오, 몰랐던 것 같습니다."

당신도 아마 "용서와 포기가 특별한 연관관계를 가진다는 것을 몰랐다고 생각합니다"라고 말하는 것이 당연할 것이다. 나도 최근에서야 이 사실을 알게 되었다. 이런 각도에서 용서라는 주제에 접근할 때만이 그 영광스러운 주제가 당신의 복됨 뿐 아니라 용서의 대상이 되는 다른 사람의 축복을 위해 밝게 빛날 것이다.

용서와 포기

먼저 이해해야 할 것은 하나님이 우리를 용서하신다는 사실은 우리가 다른 사람들을 용서하도록 이끈다는 것이다. 신약의 여러 말씀에서 용서받은 자는 끊임없이 다른 사람을 용서할 것을 촉구한다(마 6:12-15; 18:32-35; 막 11:25; 눅 11:4; 엡 4:32; 골 3:13). 용서에 대한 가르침은 주기도문에 분명히 나타날 뿐 아니라 신약의 다른 어떤 내용보다 끈질기게 자주 반복되는 명령일 것이다. 실제로 어떤 본문에서는 다른 사람을 용서하는 것을 우리 자신이 용서받은 것을 보여주는 증거로 여긴다. 만약 우리 가운데 용서하지 않는 마음이 나타난다면 하나님과의 전체적인 관계를 의심해야 할 것이다. 이에 관한 여러 구절을 살펴보기를 바란다(마 18:35; 막 11:26).

만약 마음에 용서함이 없는데 다른 어떤 일도 취하지 않는다면 우리는 틀림없이 심리적인 와해를 겪게 될 것이며 때로는 육체적으로도 그렇게 될 것이다. 내가 개인적으로 아는 의학 컨설턴트는 어떤 증상을 가진 환자에게 "누구를 미워하고 있습니까?"라는 질문을 종종 하곤 했다. 영적 전선에서 용서하지 않는 것은 정말로 치명적인 효과를 가진다. 그것은 우리가 누릴 수도 있었던 부흥에 대한 모든 소망에 사형선고를 내리는 것과 같다. 어떤 상황에서 당신이 먼저 잘못을 저지르지 않았을 수 있다. 하지만 잘못을 저지른 사람에게 잘못 반응을 하게 되면 결국 용서하기로 마음먹기 전까지 다른 사람만큼이나 자신을 잘못된 상태로 몰고 갈 수 있다. 용서에 대한 주제에 접근하는 것은 이와 같은 가정 하에서다. 용서하는 그리스도인으로 살았어야 했는데 그렇게 살지 못해서 이런 상황이 늘 가져오는 영적 빈곤의 상태에 있다는 가정 하에 주제를 다룰 것이다. 물론 하나님이 우리를 용서하시며 그 사실이 다른 사람을 기꺼이 용서하게끔 하는 새로운 경험이 우리에게 필요하다.

죄에 대한 새로운 이해

죄에 대한 용서를 알기 위해서는 먼저 죄가 무엇인지에 대한 새로운 이해가 필요할 것이다. 그렇지 않으면 죄에 대한 흐릿한 개념을 가질 수 있다. 아마도 많은 사람이 죄에 대한 새로운 이해를 필요로 할 것이다. 여기에 그것을 제시하려고 한다. 하나님의 말씀 깊은 곳에서 길어낸 죄에 대한 정의를 제공하는 한편 성경구절 단위로 할 수 있는 한 가장 세심하게 다루고 싶다. 그렇게 할 때 하나님이 우리를 용서하시고 우리가 다른 이들을 용서한 경험에 근본적인 변화를 가져올 수 있을 것이다.

첫째, 우리의 죄는 단순한 실수이거나 하찮은 비행이 아니라

온 세상을 도덕적으로 통치하시는 하나님 앞에서 개개인이 저지르는 잘못이다. 우리 죄의 대부분이 주위에 있는 사람들에 대한 것처럼 보이지만 대부분이 하나님을 향해 죄를 저지른 것이다. 우리가 무시한 것은 다름 아닌 하나님의 뜻이며 우리가 깨뜨린 것은 주님의 계명이다. 우리는 다윗과 같이 "내가 주께만 범죄하여 주의 목전에 악을 행하였사오니"(시51:4)라고 고백할 필요가 있다.

둘째, 우리는 하나님을 향해 저지른 잘못을 통해 하나님께 중대한 손실을 입혔다. 이는 다윗의 죄에서도 마찬가지였다. 선지자인 나단은 다윗이 저지른 일이 하나님의 선하심과 관대하심이라는 배경 가운데서 일어난 것임을 분명히 전하도록 보내심을 받았다. 나단은 다윗에게 하나님이 어떻게 목동에 불과한 그를 왕으로 기름부으셨으며 사울의 손에서 구원하여 주인의 가족들을 넘기시고 이스라엘과 유다의 집을 다스릴 수 있도록 하셨는가를 이야기했다. 나단은 계속해서 "만일 그것이 부족하였을 것 같으면 내가 네게 이것 저것을 더 주었으리라 그러한데 어찌하여 네가 여호와의 말씀을 업신여기고 나 보기에 악을 행하였느냐"(삼하 12:7-9)라고 말한다. 다시 말해 하나님이 다윗에게 이처럼 말씀하신 것과 같다. "너에게 많은 것이 주어졌을 때 네게 주어지지 않은 작은 열매 하나를(다른 사람의 아내를) 가로채야만 하느냐? 내가 너에게 더 이상 아무것도 줄 생각이 없고, 너의 행복을 위해 무엇이 최선인지를 모르고, 너를 사랑하지 않은 것처럼 말이다." 이 말에는 슬픔이 있는 것 같다. 다윗의 죄로 인해 하나님이 겪으신 깊은 근심과 상실을 드러나기 때문이다.

우리가 죄가 무엇이든 행동뿐 아니라 태도도 하나님의 선하심과 관대하심을 배경으로 행해진 것이다. 그리고 그것은 하나님을 깊이 상심케 한 것이다. 다른 사람들이 우리로 인해 상실을 겪었을 수 있지만 하나님의 상실보다 깊지 않다.

그것은 하나님이 겪으신 상실로 인해 하나님이 죄인에게 보상을 청구할 수 있다는 것을 의미한다. 내가 다른 사람의 재산에 손실을 입힐 경우에 그 사람이 내게 보상을 청구할 수 있는 권리를 가진다는 것은 인생의 법칙이다. 하물며 하나님은 얼마나 그러한 권리를 가질 수 있겠는가? 그분의 자비에도 불구하고 정의가 그것을 요구한다. 죄인은 보상하기 위해 자신이 무엇을 행해야 하는지를 항상 알 수 있는 것은 아니다. 하지만 양심은 스스로에게 하나님이 이와 같은 요구를 하신다는 것을 이야기한다.

하나님은 이미 지난 것을 다시 찾으시느니라(전 3:15).

그런 보상이 이뤄져야 할 날, 즉 심판의 날은 오는 것이다.

이는 죄인이 처한 곤경이 얼마나 심각한가를 보여주는 지점에 다다르게 한다. 보상에 대한 요구는 죄인이 결코 채울 수 없는 것이다. 그는 지불할 수 있는 자원이 없다. 마지막 때에는 적절한 보상을 할 수도 없고 현재에도 할 수 없다. 의롭고 경건하게 되려는 시도들은 하늘에서 법적으로 통용되는 통화가 아니다. 오늘부터 완벽한 그리스도인의 삶을 살 수 있다면 오늘의 대차대조의 균형은 맞출 수 있을 것이다. 하지만 지난날의 잘못은 어떻게 할 것인가? 심판의 날이 이르기도 전인 지금 죄인에게 지불할 수 없는 빚과 떨쳐 버릴 수 없는 죄책감을 남겨 놓는 것이 바로 이것이다. 재미있게도 독일어로 빚과 죄책감은 같은 단어(Schuid)이다. 독일에서 설교를 하면서 발견한 사실이다. 그리고 죄인은 지불할 수 있는 것이 없기 때문에 영원한 황폐함에 처하게 된다.

> 갚을 수 없습니다. 갚을 능력이 없습니다.
> 어떤 변명의 말도 할 수 없습니다.
> 세월이 지날수록 당신의 빚은 늘어만 가고,
> 주님께 훨씬 더 많은 빚을 지게 됩니다.
> —프랜시스 리들리 해버갈(Frances Ridley Havergal)

자, 죄인이 하나님 앞에서 처하게 될 곤경과 함께 죄에 대한 정의가 내려진다. 이렇게 정의 내리는 것이 중요한 것은 하나님이 죄인을 용서하시는 배경과 전체적인 시나리오를 제공하기 때문이다. 하나님의 은혜에 대해 우리가 이야기한 모든 것이 사실이라면 죄인이 처한 곤경은 그러한 은혜가 자랄 완전한 토양이 된다.

> 우리 하나님의 사랑의 지혜는 놀라워라
> 죄와 수치로 모두 얼룩져 있을 때
> 둘째 아담이 싸움의 자리에 오셔서
> 우리를 구해주셨네
> —J.H. 뉴먼(J.H. Newman)

하나님의 관대하심

방금 제시한 정의에서 우리는 하나님의 용서가 어떠한지를 볼 수 있다. 그것은 보상에 대한 요구를 내려 놓으시고 인간을 죄의 빚에서 풀어주시는 한량없이 관대한 일을 행하시는 것과 같다. 그런 용서를 통해 용서받는 자는 기쁨과 안도함을 경험하리라는 것은 놀랄 일이 아니다. 인생사에 있어 갚지 못한 빚만큼 사람을 짓누르는 것은 없다. 사람들을 깊은 빚으로 인해 앞서 가지 못하고 뒤쳐져 있다는 사실로 인해 안타까워하게 된다. 어떻게든 자신의 채무관계가 말소되거나 해결된다면 이는 그 사람에게 말로 표현할 수 없는 안도감을 가져다 줄 것이다. 하물며 하나님이 의도적으로 고소를 취하하고 죄의 빚에서 벗어나게 하셨음을 알게 될 때 그 기쁨은 말로 할 수 없고 영광으로 충만해 있을 것이다.

나는 이것을 말할 수 없이 관대한 하나님의 사역이라 부르고자 한다. 이는 하나님이 스스로 상실을 감수하시면서 고소를 취하하시는 것이기 때문이다. 예를 들어 내게 천 불을 빚진 사람이 도저히 빚을 갚을 수 없다는 사실에 괴로워하고 그로 인해 우정이 금가게 되기 때문에 고소를 취하하고 그의 빚을 탕감해 줄 수 있다면 나는 천 불을 잃게 될 것이다. 그 정도의 액수를 잃는 것을 감당할 수 없다고 느낄 수도 있지만 이후의 관계가 좋아지려면 그 빚을 탕감해야만 한다. 공짜란 없다. 그 정도의 액수는 손해 볼 각오를 해야만 한다.

하나님도 마찬가지이다. 빚을 탕감하기 위해 우리에게 요구했던 보상청구를 포기하신다면 손해를 직접 감수하셔야만 한다. 실제로 하나님은 그런 손실을 감당하기 위해 하나님은 아들이 죽음을 당하도록 하셨다. 이는 불의한 자를 위한 의로운 자의 죽음이며 죄의 빚을 해결하기 위한 것이다. 하나님은 그런 방식으로 일을 하셨다. 모두 정의가 행해지고 그것을 눈으로 볼 수 있게 하기 위해서다.

한 의로운 행위로 말미암아 많은 사람이 의롭다 하심을

받아 생명에 이르렀느니라(롬 5:18).

로마서 5장이 말하듯이 주 예수가 십자가에서 심판을 짊어지신다는 것은 믿는 모든 사람에게 의를 가져오는 둘째 아담의 위대한 사역으로 간주되고 있다. 첫째 아담의 범죄로 인해 모든 사람에게 심판이 임하여 저주에 빠지게 된 것과는 대조된다.

그보다 더한 것은 실제로 그리스도의 용서가 임할 때에 우리가 주님을 대했던 방식대로 취급되는 것을 기꺼이 받아들이시면서 다루어져야 할 모든 논란을 지나치신다는 것이다. 기꺼이 감당하시는 주님의 사역이 없었다면 우리를 위한 용서도 없었을 것이다. 하나님의 겸손은 우리를 놀라게 한다.

하지만 용서하시는 은혜의 행위가 있을 때마다 예수님은 분명 손실을 감수하셔야 한다. 모든 사람을 포괄하시는 사역을 위해 주님은 이미 모든 것을 잃어버리심으로 사역은 완성되었다. 주님이 다른 일을 해야 하거나 손실을 감당해야 할 일은 더 이상 없다. 당신에게도 마찬가지이다. 손실은 이미 다 보상이 되었다. 주님의 용서를 구하거나 탄원을 해야 할 필요조차도 없다. 간단히 어떤 조건만 충족시키면 모든 것이 정상으로 바뀌게 된다. 그것은 다음과 같은 고백이다. "만일 우리가 우리 죄를 자백하면…" 하지만 다음의 말들이 이어진다. "만일 우리가 범죄하지 아니하였다고 말한다면", 이는 죄를 고백하는 것이 죄가 없다고 말하면서 자신을 정당화하는 것과는 정반대임을 의미한다. 우리가 옳았다고 말하기 전에 우리가 잘못했다고 고백하는 것은 매우 겸손한 행위이다. 특별히 예수님에게 고백할 때는 더욱 그렇다. 그것이 전부이다. 그렇게 고백하는 순간에 용서는 당신에게 주어진다. 실제로 용서가 이미 당신에게 임했고 당신의 것이라고 간주할 수 있다. 하지만 그렇게 되기 위한 조건을 정직하게 마주 대해야 한다.

하지만 주님의 용서와 손실은 영원한 연관성을 가진다는 것을 잊어서는 안 되며 마음에 간직하고 있어야 한다. 그 이유는 그렇게 하는 것이 다른 사람을 용서하는 문제를 고려할 때 도움이 되기 때문이다.

> 주님은 주께서 빚지지 않은 빚을 갚으셨습니다
> 나는 지불할 수 없는 빚을 지고 있었습니다
> 나의 죄책을 떠나가게 할 어떤 분이 저는 필요했습니다
> 그러나 이제 새로운 노래를 하게 됩니다
> 나 같은 죄인 살리신 그 은혜 놀라와
> 예수 그리스도께서 내가 갚을 수 없는 빚을 다
> 갚으셨습니다

"관대함"(magnanimity)이라는 단어는 "넓은"과 "마음"을 의미하

는 두 개의 라틴어에서 유래한다. 신적 존재에게 적용될 때는 은혜를 의미하는 단어가 된다. 이는 매우 아름다운 단어로서 우리가 많이 생각하고 있는 "은혜"라는 단어에 상응한다고 생각한다. 나는 여호와 하나님을 관대한 마음을 가지신 분으로 증거하는 것보다 더한 바램은 없다. 우리는 예수님만 그런 분으로 생각하고 하나님은 다른 분으로 여겨서는 안 될 것이다. 예수님을 보내신 분은 바로 하나님이다. 넓은 마음을 가진 분만이 해체된 세상을 향해 그렇게 일하실 것이다.

용서하시는 왕

이해를 돕기 위해 한 가지 예가 필요하다. "용서할 줄 모르는 종"의 비유를 제시하려고 한다(마 18:23-25). 이 비유는 두 부분으로 되어 있다. 용서할 줄 모르는 종을 실제로 다루는 부분은 두 번째 부분이다. 첫 번째 부분은 "용서하는 왕의 비유"라고 말해도 좋을 것이다. 이 시점에서 필요한 예화는 바로 이 부분이다.

물론 이 비유는 무려 만 달란트의 은화를 왕에게 빚진 종의 이야기로 시작된다. 현대의 통화로 환산하고 인플레이션까지 감안한다면 액수는 꽤나 어마어마할 것이다. 왕은 종에게 정당하게 보상을 요구할 수 있다. 종이 어떻게 계약을 해서 그런 빚을 지게 되었는지 말하지는 않는다. 하지만 그 종이 "지불할 능력이 없다는 것"에 놀랄 이유가 없다. 이 상황은 정확하게 하나님 앞에 파산한 죄인의 입장을 그대로 전하기 때문이다.

이 시점에서 왕이 직면하는 세 가지 선택권이 있다. 이는 하나님에게 가능한 세 가지 선택을 묘사하는 것이다. 첫 번째 선택안은 법대로 하도록 명령하는 것이다. 자신과 부인과 아이들을 팔아서 지불하도록 하는 것이다. 이는 끔찍한 일이다. 작은 가정이 찢어져서 이런 저런 집으로 노예로 팔리는 것을 의미한다. 하지만 법은 이를 허락했다. 이는 하나님의 첫 번째 선택권을 그리고 있다. 그것은 죄인을 영원히 바깥 어두운 곳으로 내치는 것이다. 하나님이 그렇게 하신다면 하늘에 있는 어떤 천사도 하나님이 불공평하시다고 비난할 수 없다. 이것은 정당한 일이기 때문이다.

두 번째 선택안은 종의 제안이다. "내게 참으소서 다 갚으리이다." 이는 왕이 그에게 시간을 준다면 모든 빚이 청산될 때까지 매주 자신의 수입을 떼어 갚겠다는 것을 의미한다. 사실 그런 제안을 하는 것은 순진한 일이었다. 그만한 빚을 다 갚으려면 긴 세월동안 살아있어야 하기 때문이다. 분명 그것은 왕에게는 고려할 수 있는 선택이 아니었다. 이것은 우리가 하나님께 제시하는 협상의 모습을 그리고 있는 것이다. 하나님이 우리에게 시간을 주신다면 분발해서 미래에는 하나님을 영화롭게 하기 위해 최선을 다하는 훌륭한 그리스도인이 되리라는 것이다. 그렇게 결국에는 빚을 다 청산하리라고 우리는 생각한다. 우리는 결코 빚을 청산할 수 없다. 하나님의 기준에 미치지 못해 생기는 빚은 갚기에 도저히 벅찬 것이다. 신약 전체가 행위로는 누구도 하나님 보시기에 의롭게 되지 못한다고 선언한다.

세 번째 선택안은 왕의 긍휼함이다. 왕의 마음에는 관대함이 들어 있다. 그는 종과 그 가족들의 탄원에 긍휼함으로 반응한다. 왕은 종에게 제기한 고소를 취하하였다. 그것이 왕에게 손실을 의미했지만 그는 빚을 탕감하기로 결정하였다. 왕의 자비로운 제안에 종은 자신의 귀를 의심할 수밖에 없었다. 이것이 은혜의 선택인 하나님의 세 번째 선택으로, 죄인을 향한 고소를 포기하고 갈보리에서 자신의 아들을 잃어버리는 고난을 감수하시고 죄인을 용서하신 것이다.

왕은 자신의 국고를 지켜야 함으로, 종을 용서한다는 것은 상당한 손실을 유지하는 것이다. 몇 년 전 함께 브라질을 여행한 아프리카 설교자이며 사랑받는 부흥 리더인 윌리엄 나젠다(William Nagenda)는 이 비유에 대한 강연 후에 짧게 덧붙였다. 그는 종이 나중에 왕궁을 지나다가 바깥에 마차가 세워져 있는 것을 보고 있는 상상을 했다. 마을에 있는 경매장소에서 판매하기 위해 사람들이 왕궁의 값진 보물들을 마차에 실어 나르고 있었다.

종은 무엇을 하고 있는지 왕에게 묻자 그는 대답했다. "내가 자네를 용서하기 위해 지출했던 금액을 국고에 채우고 있네." "이 정도로 많이요?", 왕이 대답했다. "사실 이보다 더 많다네."

아프리카 설교자는 즉시 이렇게 덧붙였다. "하나님은 우리를 용서하시기 위해 그리스도를 고통 당하게 하심으로 말할 수 없는 상실과 손실을 겪으셨습니다." 그 설교자는 우리가 치러야 했던 대가가 우리가 생각하는 것보다 훨씬 크다는 것을 청중들이 알기를 원했던 것이다.

용서할 줄 모르는 종

이제 비유의 두 번째 부분으로 들어가려 한다. 이 부분은 용서하는 왕과 여실히 대조가 된다.

> 그 종이(많이 용서함을 받은 바로 그 종이다) 나가서 자기에게 백 데나리온 빚진(비교해 보면 아주 사소한 금액이다) 동료 한 사람을 만나 붙들어 목을 잡고 이르되 빚을 갚으라 하매 그 동료가 엎드려 간구하여 이르되 나에게 참아 주소서 갚으리이다 하되 허락하지 아니하고 이에 가서 그가 빚을 갚도록 옥에 가두거늘 그 동료들이 그것을 보고

> 몹시 딱하게 여겨 주인에게 가서 그 일을 다 알리니 이에 주인이 그를 불러다가 말하되 악한 종아 네가 빌기에 내가 네 빚을 전부 탕감하여 주었거늘 내가 너를 불쌍히 여김과 같이 너도 네 동료를 불쌍히 여김이 마땅하지 아니하냐 하고 주인이 노하여 그 빚을 다 갚도록 그를 옥졸들에게 넘기니라(마 18:28-34).

그 종은 빚진 자를 잡아 목을 붙들고 돈을 갚으라고 말한다. 그리고 빚진 종은 역시 종인 그의 발 앞에 엎드려 조금만 참아주면 모든 것을 다 갚겠다고 애원한다. 첫 번째 종이 왕에게 했던 동일한 말을 하지만 반응은 너무나도 차이가 있다. 그는 참지 않고 그를 잡아 빚을 다 갚을 때까지 옥에 가둔다.

우선 왕과 종 모두 빚진 사람, 채무자가 있었다. 물론 빌려준 액수는 큰 차이가 있었다. 하지만 채무자가 있다는 점에서는 공통점이 있다.

또한 양쪽 모두 지불하지 못한 빚의 결과로 상실과 곤란에 처한 것이다. 왕은 상당한 액수의 예산 부족의 결과로 분명히 곤경에 처했다. 그리고 종의 경우에는 자신이 빌려준 돈의 액수는 작았지만 어쨌건 그 액수만큼의 부족분이 생겼다. 그 종과 종의 아내는 검소한 생활을 해왔기 때문에 그 손실을 느낄 수 있었다. 명백한 액수의 차이가 있음에도 불구하고 그들 모두 손해를 경험하고 있는 것이다.

마지막으로 양쪽 다 보상을 위한 법적 권리를 가진다는 것을 알고 있었다. 그래서 압력을 가하고 행동을 취할 준비를 하고 있었다.

이 두 사례는 유사한 상황을 갖고 있음에도 한 가지에 있어서 큰 차이를 나타낸다. 왕은 종의 빚이 수백만에 달했지만 탕감해 주었고 한편 그 종은 채무자의 빚이 비교적 가벼운 것이었음도 불구하고 탕감하기를 거부하고 바로 법정에 데려가 옥에 가둔 것이다(빚진 자가 감옥에 가는 것은 당시에 알려진 일이었다).

우리는 어떠한가?

이런 차이가 생기는 이유가 무엇인지 물어보고 교훈을 얻으려고 하기 전에 우리가 과연 용서할 줄 모르는 종과 같은 사람인지를 알아보는 것이 좋겠다. 이 시점에 종이 무대의 중심을 차지하고 있기 때문이다. 우리 자신에 대해 꽤나 많은 것을 발견할 수도 있을 것이다.

우리 가운데 누구라도 한 번쯤은 다른 사람의 잘못이나 욕이나 학대를 경험한 적이 있을 것이다. 그 결과로 우리에게 빚을 지게 된 사람들이 생겨난다. 그들은 적어도 우리에게 사과 혹은 그 이상의 빚을 지고 있는 것이다. 아마도 대부분 그 빚을 지불한 것 같아 보이지는 않는다. 그래서 그들은 여전히 채무자로 남아 있는 것 같이 느끼게 된다. 그들은 상황을 바르게 하기 위해 아무 일도 하지 않은 것이다. 솔직히 우리는 그들이 한 일에 대해 용서한 적이 없다.

그렇다면 우리는 그들의 말과 행동의 결과로 상실을 경험한 적이 있는 것이다. 결국 우리는 상처받은 자들이다. 그런 아픔을 가지고 아마도 오랜 기간 살아 왔을 것이다. 아니면 세월이 흘러가면서 더 작은 많은 상처를 받으며 살았을지도 모른다. 하지만 비탄에 빠지게 하는 매우 깊은 상처가 우리에게 가해진 적도 있다.

이런 결과로 인해 모종의 보상을 그들에게 요구해야 한다고 느끼게 된다. 그들이 어떤 일을 할지 확신할 수 없지만 상황을 바르게 하는 것은 그들에게 달려 있다는 것을 안다. 그리고 그런 방향으로 상황이 진행되지 않는다는 사실이 우리 감정을 더욱 굳어 버리게 한다.

부인할 수 없는 사실이 있다. 그것은 분명히 우리가 그들을 용서하지 않았다는 것이다. 이 사실을 직면해야 한다. 다른 사람을 용서하지 않는 것이 그를 하나님과의 교제에 제외시키는 것이라면 그 다음에는 우리가 하나님과의 교제에서 벗어나게 되는 것이다. 용서하지 않는 마음과 분노와 쓴 뿌리를 계속 품고 키우는 것이 우리 안에 해로운 정신적 결과를 낳는 것이라면 그에 상응하는 만큼 복된 그리스도인이 되지 못하는 것이다.

이제 하나의 질문을 던지게 된다. 왜 당신은 다른 사람을 용서하지 못하는가? 당신은 그들이 너무나 많은 빚을 졌고 많은 상처를 안겨주었기 때문이라고 대답할 것이다. 그렇다면 나는 또 하나의 질문을 해야만 한다. 왜 비유에 나오는 그 좋은 왕이 그렇게 큰 빚을 청산해 주었는데 약간의 빚을 탕감해 주는 것을 거부했는가? 빚의 상대적인 크기는 비유에서나 당신의 경우에서나 대답을 제시하지 못한다.

왜 용서하지 않았는가?

진심으로 용서하는 것은 때로 행하기 매우 힘든 것이다. 그리해야 한다는 것을 알면서도 또 그렇게 원하고 있을 때에도 여전히 힘이 든다. 종은 그렇게 하는 것이 왜 힘들었으며 당신에게는 왜 어려운가? 대답은 그 비유에서 나온다. 그것은 보상을 위한 권리주장을 포기하고 손실을 감수할 마음이 없기 때문이다. 이는 종에게도 바로 해당되는 말이다. 다른 이의 잘못으로 생긴 손실을 기꺼이 감수하려 하지 않고 잘못한 사람을 용서하기는 불가능하다. 하나님은 손실을 감수해야만 했고 당신도 그러하다. 우리를 향한 하나님의 사랑은 그와 같다. 하지만 다른 이를 향한 우리의 사랑은 그렇지 못하다. 우리는 보상으로서 원하는 것이 무엇인지 모를 수도 있다. 아마도 사과를 받는 것을 제외하고는 마음속에 명확한 어떤 그림도 없을 것이다. 하지만 그럼에도 불구하고 우리는 보상을 청구할 수 있으며 손실을 감수할 준비가 되어 있지 않다고 느끼게 된다. 그것은 잘못이나 그릇된 행동을 감수하려는 것을 의미하기 때문이다. 하나님과의 관계를 망치는 용서하지 않는 마음의 기저에는 교만함과 우리의 권리를 옹호하려는 것이 원인으로 자리잡고 있다. 우리는 "그것은 옳지도 않고 공정하지도 않아요. 그런 일은 내게 일어나지 말았어야 해요"라고 말하려 한다. 늘 그런 것은 분명 아니지만 하나님이 허락하신 것으로 생각하고 권리를 포기하는데 동의하지 않는다면 우리는 결코 용서할 수 없을 것이다.

때로는 그와 같이 자유롭게 잘못을 용서하는 것이 행동을 용납하는 것이라고 느낀다. 올바르게 이해한다면 용서는 그런 것을 전혀 의미하지 않는다. 그것은 여러분이 용서라는 짐을 기꺼이 짊어지는 것을 의미한다. 그렇게 하면 당신은 그렇게 할 수 있기 위한 모든 도움을 하나님으로부터 얻게 될 것이다.

용서는 하나님이 하신 가장 위대한 일이다. 용서는 하나님이 기꺼이 감당하시는 손실 때문에 가능하다. 우리는 "주와 같이 용서하시는 하나님은 누구십니까? 누가 그처럼 풍성하고 자유로운 은혜를 가지고 있습니까?"라고 고백한다. 다른 사람을 용서할 때 만큼 하나님과 닮아 있을 때가 없을 것이다.

회개함이 없는 용서

용서의 길은 어떤 상황에서는 걸어가기 힘들다고 느껴질 수도 있다. 상대방의 회개와 사과가 있는 경우라면 용서하기 더 쉬울 것이라 생각할 수 있다. 하지만 지금 그런 회개는 있을 것 같지 않다. 그럼에도 당신은 용서해야한다. 그렇지 않으면 용서하지 않는 마음과 동반되는 영적 상실을 경험할 것이다. 물론 당신의 용서뿐 아니라 상대방의 회개가 없다면 관계는 완전히 치유될 수 없을 것이다. 하지만 회개가 없다고 해도 하나님께 당신의 권리를 완전히 내려 놓는다면 용서는 충분히 가능하며 이루어질 수 있다.

예를 들기 위해 우간다의 차 농장에서 일하며 사는 어느 경건한 아프리카인의 이야기를 떠올리고자 한다. 같은 농장에서 일하는 그리스도인이 아니었던 다른 아프리카 사람이 자신의 부인을 유혹했고 그녀는 그 남자와 함께 살게 되었다. 부인을 잃어 버린 자에게 특별히 어려운 일은 자신의 부인이 다른 사람과 살고 있는 그 집을 매일 지나면서 일을 해야 한다는 것이었다. 믿는 친구들이 그를 사랑으로 지지해주고 기도와 교제를 함께 해

주었다. 하나님은 놀라운 방식으로 그를 도우셔서 고통스런 악행을 견디게 하셨다. 얼마 뒤 성령의 특별한 바람이 불기 시작했다. 부흥의 때가 왔다는 의미이다. 많은 사람들이 죄를 자각하고 자신들의 삶을 그리스도께 드리기 시작했다. 부인을 유혹했던 그 사람도 그 가운데 있었다. 구원을 경험한 후 그가 맨 먼저 했던 일중의 하나가 자신이 심하게 잘못했던 사람을 찾아내어 용서를 구하는 것이었다. 이 사람에게 그 그리스도인이 대답했다. "제가 용서할 것이 없습니다. 아내를 당신이 데려간 날 저는 당신을 용서했습니다."

이 이야기는 꽤 이상하게 들릴 것이다. 무엇을 의미하는가? 그 사람이 자신의 아내를 취했던 그 날에 그 사람이 자신에게 가했던 모든 손실을 감수하기로 동의한 것을 의미하는 것이다. 이는 그 사람을 용서할 수 있기 위해서였다. 처음에 이런 자세를 취하는 것은 의심할 바 없이 힘든 일이다. 하지만 자신을 충분히 내려놓음을 통해 가능하게 되었다. 그래서 정작 그 상황 속에서 다른 죄인이 회개하게 되었을 때 이미 용서가 가능한 것을 깨닫게 된 것이다. 이것은 하나님이 죄인을 용서하신 일의 축소판이며 은혜가 임하는 한 방식이다. 물론 이 사건이 보여주는 것처럼 다른 사람과의 전적인 관계는 잘못한 당사자가 회개하기 전까지는 회복되지 않는다. 갈보리사건도 사람이 회개하고 나서야 사람과 하나님과의 관계를 회복시킨다.

다른 사람을 용서하는 이런 식의 개념은 용서를 다소 어렵게 만든다고 말할 수 있다. 그것은 용서가 포기와 깊이 얽혀있고 이런 종류의 내려놓음을 수반한다는 것을 전에는 인식하지 못했기 때문이다. 그래서 그들은 용서에 직면할 수 없다. 만약 그와 같은 느낌이 든다면 그 사실을 예수님께 고백하라. 스스로 그렇게 하려고 시도하거나 하나님께 자신이 그렇게 행할 수 있도록 해 달라고 요청하지도 말라. 대신 자신에게는 용서할 의지가 없고, 자신의 죄가 그런 모습으로 나타난 것임을 고백하라. 그리고 다시 십자가로 나아오라. 예수님께서 용서하지 못하는 당신을 용서할 것이며 안식으로 인도하시고 그런 상황 속에 있는 당신을 도우실 것이다. 할 수 없는 것을 고백함으로써 할 수 있는 상태로 진입하는 것은 다른 문제가 될 것이다.

용서 할 수 없는 지점

만약 사람이 용서를 하지 않고 그러한 마음을 계속 키우게 되면 결국 자신은 무너지고 심각한 정신적 손상을 입게 되어 하나님이나 사람에게 전혀 도움이 되지 않는 막다른 골목으로 이어지게 된다.

나는 하나님과의 관계를 하나님과 나와의 두 접속점을 가진 회로로서 내가 해야 할 일은 그 회로가 끊어지지 않도록 확인해서 하나님과의 교제 가운데 있게 하는 것이라고 생각하곤 했다. 그런데 이 그림이 적절하지 못한 것임을 이후에 발견하게 되었다. 그것은 두 개의 접점을 가지는 회로가 아닌 세 개의 접점을 가지는 회로이다. 세 접점은 하나님, 나, 그리고 이웃이다. 하나님의 전기는 두 개가 아닌 세 개의 접점 주위로 흘러야 한다. 나와 하나님 사이에 아무런 잘못이 없다고 생각할 수 있다. 하지만 나와 다른 사람과의 관계가 잘못되어 있다면 관계의 단절은 나와 하나님과의 직접적인 관계 단절이 있는 것처럼 회로는 끊어져 있는 것이다. 흘러갈 다른 길이 없다. 단순히 당신에게 잘못을 저지른 사람을 용서해야만 한다. 그렇지 않으면 하나님의 전류, 그 복된 흐름을 포기해야만 한다. 물론 다른 사람이 당신의 태도 변화에 반응하지 않을 수도 있다. 하지만 자신의 태도를 바꾸는 것 이상의 일을 할 수는 없다. 그것 때문에 자신을 정죄해서는 안 된다. 당신에 관한한 전류는 다시 흐르게 될 것이다.

계속적인 죄 사함 받기

다른 사람에 대한 은혜로운 태도와 그들의 잘못을 용서할 준비가 되어 있는 것은 하나님이 우리를 용서하신 새로운 경험을 단순히 흘려보내는 것이다. 따라서 날마다 죄 용서함을 받는 것은 필수적이다.

몇 해 전에 나는 미국을 여행하던 중에 딥 사우스에 사는 범상치 않은 한 여인을 만난 적이 있다. 그녀는 90세가 넘은 사람으로 중국에서 오랜 기간 선교사로 있었는데 그 기간 동안 산동에서 일어난 부흥 사건을 접하게 되었다. 속한 선교단체 규정에 따르면 65세에는 은퇴하여 고향으로 돌아와야 했기에 어쩔 수 없이 그렇게 했다. 그 이후에 그녀는 다른 인생의 행로를 걷게 되었다. 그것은 부흥을 가르치는 성경교사의 길로서 풍부한 경험이 바탕이 된 것이었다. 나는 그녀에게서 여러 좋은 것들을 배울 수 있었다. 그녀는 항상 "늘 새롭게 죄 사함을 받는 것"에 대해 이야기했다. 중국 공산주의 치하에서의 경험을 나눈 기사 인터뷰에서 어떻게 그 상황에 대처했는가를 질문 받았을 때 단 한 가지로 대답했다. "늘 새롭게 죄 용서함 받는 것이었다." 공산주의자들이 자신이 가르치던 여학교로 접근하려고 했을 때 그녀가 어떻게 했는가를 물었을 때도 대답은 여전히 동일했다. "늘 새롭게 죄 사함을 받는 것이었습니다." 이는 다소 독특한 방식으로 설명하는 것 같지만 매우 심오한 말이었다. 왜냐하면 그와 같은 상황 속에서 한 여인이 어떻게 반응할 것인가를 상상할 수 있기 때문이다. 그것은 두려움, 억울함, 분노일 수 있다. 하지만 그녀는 그런 것들로 반응하지 않았다. 부적절한 반응을 그녀는 죄라고 불렸고 계속적으로 용서받을 대상에 포함시켰다. 주목할 것은 그녀가 단순히 죄를 계속적으로 새롭게 고백한데서 그치지 않은 것이다. 오히려 새롭게 용서함을 받고 화평과 승리 가운데로 들어갔다. 그것은 그녀가 예수님의 피의 능력을 명확하게 알았다는 것을 의미한다. 예수님의 피는 우리가 전적으로 필요한 것이었다. 따라서 그녀가 대답할 수 있는 모든 것은 예수의 피였다. 그것은 바로 예수님이 이룬 역사였다.

이런 방식으로 용서의 경험이 새로워진다면 다른 사람을 향한 사랑 또한 새로워질 것이다. 용서가 오래 전 일이 된다면 사랑도 차가워진다. 그로 인해 마음도 굳어지고 다시 용서할 줄 모르는 사람이 된다.

죄를 떠나보내는 것

아직 "용서"의 실제적인 근본적인 의미를 제시하지는 않았는데 이제 이 장을 마무리하면서 그 의미를 이야기하고 싶다.

신약에서 "용서하다" 혹은 "용서"를 의미하는 네 가지의 헬라어 단어가 있다. 각각의 단어는 조금씩 다른 강조점을 가진다. 하지만 용서의 의미로서 가장 빈번하게 사용되는 단어는 아피에미(*aphiemi*)로서 예순 네 번 이상 등장한다. 이 단어는 "떠나보내는 것"을 의미한다. 이것이 죄를 용서하는 것의 실제적인 의미이다. 즉 "떠나보낸 죄"를 말하는데 용서하시는 하나님의 견줄 수 없는 행동을 지칭한다.

예상하고 있듯이 "죄를 떠나보내는 것"으로서의 아피에미의 의미는 레위기에서 모세가 말하는 의식 가운데 드러지는 제물에 나타난다. 의식 중 어떤 것도 아사셀 염소보다 감동적인 그리스도의 모형으로 존재하는 것은 없다.

레위기 16장에서 말하는 매년 거행되는 속죄일에 아사셀 염소를 보내는 행위는 용서가 어떤 것인지를 생생하게 보여준다. 이 날은 속죄가 일어나는 날로서 나라의 죄뿐 아니라 이스라엘 가운데 있는 하나님의 성소인 성막 자체를 위한 날이기도 했다. 성막은 제사장으로 인해 부정해진 상태여서 속죄의 피가 그 위에 뿌려져야만 했다.

하지만 그 날 일어나는 핵심적인 일은 두 마리의 염소를 골라 하나는 주를 위하여 그 피가 제단에 뿌려지고 다른 한 마리는 백성들을 위한 속죄염소가 되는 것이었다. 우리에게 충만한 의미를 가지는 것은 바로 후자의 경우이다. 본문은 바로 이렇게 이야기하고 있다.

> 아론은 그의 두 손으로 살아 있는 염소의 머리에 안수하여 이스라엘 자손의 모든 불의와 그 범한 모든 죄를 아뢰고 그 죄를 염소의 머리에 두어 미리 정한 사람에게 맡겨

광야로 보낼지니 염소가 그들의 모든 불의를 지고 접근
하기 어려운 땅에 이르거든 그는 그 염소를 광야에 놓을
지니라(레 16:21-22).

우리의 죄를 "떠나보내는 것"이 무엇을 의미하는지를 이해하기 위해 그렇게 많은 통찰이 필요하지는 않다. 그것은 죄에 대한 기억, 비난, 수치를 그리스도께서 지고 가셔서 "사람이 거주하지 않는" 영원한 망각으로 보내는 것이다.

홀맨 헌트(Holman Hunt)는 라파엘 전파(the Pre-Raphaelite)의 학풍을 가진 빅토리아 시대의 위대한 화가이다. 문을 두드리시는 "세상의 빛"이신 그리스도는 누구나 아는 그림이다. 헌트는 흔치 않은 주제인 아사셀 염소의 그림도 그렸다. 그 작업을 위해 헌트는 성스러운 땅으로 가 유대광야에서 몇 달을 지냈다. 그곳에서 광야의 세부적인 것과 "사람이 거주하지 않는 땅"에서 돌아다니는 외로운 아사셀 염소를 그림에 담았다.

런던의 로얄 아카데미에서 부유하며 유행에 민감했던 사람들이 당대의 가장 유명한 화가 중 한 사람이 그린 그림 속에서 "아사셀 염소"를 응시하고 액자 아래에 "염소가 그들의 모든 불의를 지고 접근하기 어려운 땅에 이르거든"이라는 글귀를 읽고서 매우 놀랐을 것이다. 사람들은 하나님이 그들의 죄를 엄중하게 "떠나보내는" 모습을 지켜보고 있었다. 하나님은 그들을 위해 아사

셀 염소가 하던 일을 아들을 통해 하고 계시다. 아들은 아버지와 별도로 어떤 일을 하는 것이 아니라 "자신의 몸으로 아버지의 일"을 하신 것이다. 그렇게 하나님은 우리의 죄를 멀리 떠나보내 다시는 보이지 않게 만드셨다. 이런 찬송가사가 있다.

장사되신 예수, 내 죄를 떠나 보내셨네

죄로 고통받는 자들이 있다면 이 사실을 믿고 자유롭게 되기를 바란다.

제7장 부정한 자를 정결케 하심

¹⁴하물며…그리스도의 피가 어찌 너희 양심을 죽은 행실에서 깨끗하게 하고 살아 계신 하나님을 섬기게 하지 못하겠느냐(히 9:14).

⁵우리가 그에게서 듣고 너희에게 전하는 소식은 이것이니 곧 하나님은 빛이시라 그에게는 어둠이 조금도 없으시다는 것이니라 ⁶만일 우리가 하나님과 사귐이 있다 하고 어둠에 행하면 거짓말을 하고 진리를 행하지 아니함이거니와 ⁷그가 빛 가운데 계신 것 같이 우리도 빛 가운데 행하면 우리가 서로 사귐이 있고 그 아들 예수의 피가 우리를 모든 죄에서 깨끗하게 하실 것이요 ⁸만일 우리가 죄가 없다고 말하면 스스로 속이고 또 진리가 우리 속에 있지 아니할 것이요 ⁹만일 우리가 우리 죄를 자백하면 그는 미쁘시고 의로우사 우리 죄를 사하시며 우리를 모든 불의에서 깨끗하게 하실 것이요(요일 1:5-9).

우리는 이제 복음의 또 다른 위대한 말씀에 다다르고 있다. 그것은 부정한 자를 정결케 하신다는 말씀이다. 죄는 하나님 앞에서 우리를 유죄한 자로 만들뿐 아니라 속사람도 부정하게 한다. 우리의 긴급한 필요는 정결케 되는 것인데 이는 죄인들을 위한 복음의 또 다른 요소이다. 바울은 고린도전서에서 하나님의 나라를 상속받지 못하는 사람들을 열거하는데 긍정문으로 죄인과 죄의 끔찍한 목록을 제시한다. 이 목록을 읽는 것만으로도 부정하게 될 만하다. 그리고 나서 바울은 영광스러운 말씀을 다음과 같이 덧붙인다.

> 너희 중에 이와 같은 자들이 있더니 주 예수 그리스도의 이름과 우리 하나님의 성령 안에서 씻음과 거룩함과 의롭다 하심을 받았느니라(고전6:11).

나는 "씻음"이라는 말을 특별히 강조하는데 그 이유는 이것이 지금 우리가 다루는 주제이기 때문이다. 이 주제를 우리 자신에게 적용할 때 요한일서 1장에 나오는 정결케 함을 다루는 기초적인 구절이 가장 먼저 떠오르게 된다. 지금 독자들에게 부탁할 것은 이번 장의 서두에 나오는 성경 구절에 주목하라는 것이다(

요일 1:5-9). 이유는 우리가 다루는 주제와 특별히 연관이 되기 때문이다.

그 연관성은 "우리가 우리 죄를 자백하면" 죄를 용서받고 모든 불의에서 깨끗케 될 것이라는 두 가지 약속이 주어진다는 사실에 있다. 우리는 이전 장에서 하나님의 용서를 다루었고 이제는 하나님의 깨끗케 하심을 다루려고 한다. 나의 목적은 이 두 가지 모두를 경험하도록 하는 것이다. 이 두 용어는 동의어가 아니어서 다른 것이 없이 어느 하나를 경험하는 것이 불가능하다는 것을 깨닫게 될 것이다. 다시 말해 깨끗케 됨이 없이 용서를 경험할 수 없다. 하나님은 이 둘이 분리되도록 의도하신 적이 없다. 동일한 동사가 두 가지를 약속한다.

용서와 정결케함의 구별

지금 쓰고 있는 장이 특별히 중요한 이유는 용서와 정결케 함을 구별할 필요가 있기 때문이다. 이 구별은 복음의 위대한 말씀을 연속적으로 접하게 해주어서 좀 더 넓은 시각을 준다.

실제로 용서와 정결케 함을 구별할 필요가 있는 것은 그리스도인들이 무차별적으로 마치 동일한 말인 것처럼 사용하는 단어들이 있다는 것을 발견하게 되기 때문이다. 이 사실은 특별히

"그가 빛 가운데 계신 것 같이 빛 가운데" 새롭게 행하는 형제들에게 적용된다. 이들은 다른 이들과 자신의 경험을 기꺼이 나누려고 한다. 물론 그것은 정당한 것이다. 이들은 이런 저런 죄에서 깨끗해 진 것에 대해 종종 이야기할 것이다. 그들의 증거를 듣고 많은 은혜를 경험했음에도 불구하고 이런 저런 죄에서 정결해 진 것과 더불어 용서함을 받은 것에 대해서는 왜 말하지 않는지 궁금했다. 그것은 이런 이유 때문이다. 용서는 객관적인 것으로 우리 바깥에서 일어나는 일이다. 하나님 앞에 기록으로 남겨져서 지금 우리의 부채가 사라졌다는 것을 확신하게 한다. 한편 정결케 되는 것은 주관적인 것으로 우리 안에서 일어난 의식적인 경험이다. 이번 장에서 이 내용들에 대해 충분히 살펴볼 것이다.

양심을 깨끗케 함

우리 안에 정결케 되어야 할 부분은 무엇인가? 그렇게 될 필요가 있는 것은 생각들인가? 아니면 정서 혹은 돈인가? 우선 이것들은 깨끗케 되어야 할 대상들이 아니다. 성경은 무엇보다 양심이 정결케 되어야 한다고 말하고 있다. 이 사실은 이전 장에서 이미 인용한 히브리서 구절에 명백하게 드러나고 있다. "하물며

…그리스도의 피가 어찌 너희 양심을 죽은 행실에서 깨끗하게 하고 살아 계신 하나님을 섬기게 하지 못하겠느냐?"(히 9:14). 인간을 구성하는 중요한 요소로서 양심을 가리키는 다른 구절들도 있다.

당신은 양심이 무엇이냐고 질문할 수 있다. 나는 양심을 옳은 일을 할 때는 인정하고 그른 일을 할 때는 인정하지 않는, 하나님이 각양 인간에게 주신 기능이라고 정의할 것이다. 우리가 죄인이라는 것이 우리 모두에 대한 기본적인 진실이라면 양심의 인정보다는 반감을 훨씬 많이 경험하게 될 것이다. 이는 우리의 양심이 자주 더럽혀지는 것을 의미한다. 찬송가기자는 이를 죄의 얼룩이라고 부른다.

히브리서에서 우리는 다음과 같은 구절을 또 다시 만나게 된다.

> 우리가 마음에 뿌림을 받아 악한 양심으로부터 벗어나고
> (히 10:22).

마음 가운데 깨끗해져야 할 부분은 분명히 양심이다. 실제로 전에 언급한 것처럼 양심은 마음 속의 마음이다. 양심이 깨끗할 때 온 마음이 정결해지며 그 사람은 정결한 마음을 가졌다고 말할 수 있다. 하지만 양심이 부정한 채로 있으면 사람 전체가

부정해진다. 바로 이 자리에 예수 그리스도의 피가 적용되어야 한다.

이렇게 "양심"이라 일컫는 것은 얼마나 비상한 기능인가? 부정해지면 마음이 비참하게 되고 몸도 편치 못하고 동료들과도 불편해지며 하나님과도 분명히 단절된다. 물론 저울에서 차이가 있는 것처럼 한 사람과 다른 사람 사이에는 양심의 민감함에서 차이가 있을 것이다. 어떤 저울은 크기가 큰 물건의 무게를 측정하도록 고안되어서 50kg이하는 측정할 수 없을 것이다. 한편 실험실에 있는 저울은 아주 민감해서 우표의 무게뿐 아니라 그보다 가벼운 것도 측정할 것이다. 마찬가지 방식으로 어떤 사람들의 양심은 경찰이 개입해야만 겨우 드러난다. 어떤 사람들은 아주 작은 것을 놓쳐도 죄의식이 드는 양심을 가질 수 있다. 그 정도로 민감한 양심을 갖는다는 것은 축복으로 생각하기에는 미심쩍을 수 있다. 하지만 성령이 가르치시는 민감한 양심을 갖지 않는다면 무엇이 잘못되었고 무엇이 올바른가를 어떻게 알 수 있겠는가? 그래서 찰스 웨슬리는 다음과 같은 글을 썼다.

> 내 안에 한 가지 원리가 있기를
> 그 원리는 질투와 경건한 두려움이다
> 죄에 대한 감각과
> 죄를 가까이 느끼는 고통이다

가장 작은 일도 하지 않을 때
영혼이 각성되어 고통을 느끼게 되고
다시 그분의 피로 나아가게 되기를
그래서 상처받은 자가 온전해 지기를
―찰스 웨슬리

　시간이 지나간다고 해서 양심으로부터 죄의 얼룩이 지워지지 않는다. 죄가 생각을 지배하지 않게 되고 마음의 옥죄기를 그친 지 오래여서 기억에서 거의 사라져 있을 때도 죄의 얼룩은 양심에 남아서 영혼에 불안감을 가져 온다. 실제로 그것은 취침하기 전에 씻지 못한 컵에 남은 얼룩과 같다. 아침에 그 컵은 전날 저녁에 마신 커피는 분명 비어있지만 얼룩은 남아 있다. 하루 동안 그대로 두어도 얼룩은 남아 있다. 물론 부인이 휴가차 떠나 있는 사람이라면 그와 같이 행동할 것이다. 그와 마찬가지로 양심이 부정해지면 그것은 죄가 그친 후에도 오랜 동안 남아 있다. 실제로 잔재된 것의 관점으로 보면 죄가 그친 것이 결코 아니다. 그것은 여전히 우리의 죄를 들춰내며 활동하고 있다. 양심이 달래지려면 하나님의 정의가 만족되는 것을 보아야만 한다. 어떻게 그것이 가능한가?
　예수님의 피가 정확히 그것을 보여준다. 우리가 보았듯이 피는 십자가에서 하나님의 심판이 충족되었고, 하나님의 분노의 불이 꺼졌으며, 재 외에는 남은 것이 없다는 증표이다. 예수님이 우리를 위해 심판을 견디신 위대한 사역은 가장 민감한 양심에게도 충분한 것이어야 한다. 그것은 바로 하나님에게 해당되는 것이다. 회개하는 사람은 이 사실을 믿고 피의 권세를 통하여 하나님과의 화평을 받아들여야 한다. 간단한 조건이 충족되면 이 모든 결과가 자신의 것이 될 수 있다. 그 조건은 "우리가 우리 죄를 고백하면"이다. 그것은 정상참작을 요구하지 않고 다른 사람을 비난하지 않는 고백으로 자기 자신과 변론하기 위해 증인석으로 들어가는 고백이다. 그때 양심은 예수님의 피로 완전히 깨끗해져서 살아계신 하나님을 기쁨과 자유로 섬길 수 있게 된다.

그러면 자신이 용서함을 받았지만 우리를 여전히 정죄하고 있는 마음으로 살아갈 가능성이 있다는 것을 알 수 있다. 크든 작든 특정한 사안에 대해 잘못했다는 생각과 씨름하게 되는 것이다. 혹은 전체적으로 억압감을 가질 수도 있다. 이 모든 것을 "죄와 부정함을 씻는 열린 샘"에 내려놓고 자유롭게 걸어갈 수 있다.

눈보다 희리이다

이전 장에서 우리는 이미 시편 51편에 나오는 "나의 죄를 씻어 주소서 내가 눈보다 희리이다"(시 51:7)는 다윗의 회개기도를 살펴보았다.

당신의 마음과 양심이 눈처럼 흰 것도 아닌 눈보다 희게 되리라는 것은 무엇을 의미하는가? 그 정도로 깨끗케 하는 것이 무엇인지 이해하려면 어느 정도의 사고와 믿음이 필요하다. 그것은 더 이상 자신을 정죄하지 않고 더 이상 자신을 범죄자로 여기지 않는 마음을 의미한다고 상상할 수 있다. 더 이상 스스로에게 집착하지 않고 충분히 선하지 못했다는 생각과 씨름하지 않는 것을 의미할 수 있다. 물론 충분히 선하지 못하지만 그 사실로 인해 애통할 필요는 없다. 그런 죄책감에서 자유로워질 수 있다. 우리는 예수 그리스도의 피라는 전적이며 유일한 근거를 통해 하나님에게 받아들여졌다. 눈보다 희게 되는 것이 무엇을 의미하는지 가서 개인적인 목록을 만들어보라. 그리고 그것이 예수님의 피가 당신과 하나님 사이에 가져온 효과임을 믿으라.

이 일은 자동적으로 혹은 무의식적으로 일어나지 않는다. 우리의 필요를 먼저 고백하면서 믿음을 그 차원까지 명확하게 확장시켜야 한다. 로마서는 예수님이 "그의 피로써 믿음으로 말미암는 화목제물로" 세우심을 받았다고 말한다. "화목"이라는 말에 눈보다 희어지길 소원하는 모든 근거들이 가지는 의미를 부여하라. 그런 목적으로 그 피에 대한 믿음을 가지고 주님을 찬양하라.

주 예수님, 이를 위해 엎드려 간청합니다
복되신 주님, 십자가에 달리신 주님 발 앞에서 기다립니다
믿음으로 나를 정결케하시는
주님의 피가 흐르는 것을 봅니다
이제 나를 씻으소서, 제가 눈보다 하얗게 되리이다
― J. 니콜슨(J. Nicholson)

죽은 행실

이제 우리는 특별한 중요성을 가지는 주제에 다다르고 있다. 조금 더 참을 수 있겠는가? 다루었던 구절인 히브리서 9장 14절은 그리스도의 피가 단지 죄로부터 양심을 깨끗케 하는 것만이 아니라 죽은 행실로부터 양심을 깨끗케 한다고 말하는 것임을 알아야 한다. 죽은 행실이 죄와 동일하지는 않지만 분명히 양심을 그만큼 억누른다. 우리의 양심이 그런 행실로부터 깨끗케 될 필요가 절실하다.

죽은 행실이란 무엇을 의미하는가? 신약은 세 가지 종류의 행실을 이야기한다. 맨 먼저는 악한 행실이 있다. 그것이 무엇인지 알기는 어렵지 않다. 보통 이해하듯이 그것은 명백하고도 철저한 죄이다. 그리고 선한 행실이 있다. 이것은 임의적으로 행하는 선한 행실이 아니라 "하나님이 전에 예비하사 우리로 그 가운데서 행하게 하려"(엡 2:10)하시는 것으로 하나님이 우리를 위해 계획하신, 하나님과 다른 사람들을 위한 사역에 속하는 일이다. 그 다음엔 "죽은 행실"(히9:14)로 사악한 행실과 선한 행실 사이에 있는 것이다. 이 용어가 무엇을 의미하는지 알아야 할 필요가 있다.

내가 제시하는 죽은 행실에 대한 정의는 더 나은 그리스도인이 되기 위해 해야 한다고 느끼지만 그렇게 하는데 잘 성공하지 못하는 일들이다. 한 그룹의 그리스도인들에게 더 나은 그리스도인이 되고 하나님께 더 잘 사용되기 위해 해야 한다고 생각되는 일들을 적어보도록 용지를 돌리는 것은 흥미로울 것이다. 그 목록에서 무엇을 발견하게 되는가? 아마도 기도에 더 몰입하거나, 다른 사람을 더 돌보거나, 거룩과 인내를 더 많이 드러내는 삶을 살거나, 복음을 증거할 준비를 하는 것 등이 나타날 것이다. 그리고 그 목록은 해야 할 의무들로 이어질 수 있다. 물론 이 목록은 몇몇 사람들을 위한 목록으로 남아 있을 것이다. 하지만 이런 일들을 진지하게 실천하려고 하면 문제에 직면하게 될 것이다. 그 문제는 우리가 이 일들을 하는데 성공하지 못한다는 것이다. 우리가 지지하는 기준에 문제가 있는 것이 결코 아니다. 성경은 "율법은 거룩하고 계명도 거룩하고 의로우며 선하도다"(롬 7:12)라고 말한다. 하지만 문제는 이 계명을 행할 수 없다는데 있다.

우리는 교착상태에 있는 것이다. 더 나은 그리스도인이 되기 위해 해야 할 일을 알고 있어서 시도를 하지만 그것을 행할 수가 없다. 적어도 우리가 해야 하는 것만큼은 하지 못한다. 그 결과로 이 일들을 행하지 못하는 것은 양심에 짐이 될 뿐이고 이전보다 더 한 정죄감으로 끝나게 된다는 것이다. 그래서 많은 그리스도인들이 그들이 하지 못한 기도로 인해서, 그들이 지키지 못한 약속으로 인해서, 그들이 복음을 제시하지 못한 영혼들로 인해 억눌리는 양심으로 방황하게 된다. 이 일들을 하려고 시도하는 것은 영혼의 호흡이 없이 죽어 있고 억눌린 것이 되기 쉽다. 한편 이 일들을 하는데 실패하는 것은 더욱 치명적이다. 정죄감을 더할 뿐이기 때문이다. 나는 이것이 죽은 행실의 의미라고 주장한다. 양심에 짐을 더하는 것이 바로 이것이다. 이로 인해 섬김의 자유를 빼앗기게 된다. 나의 죄를 회개할 때 예수님은 그분의 피를 통해 내가 그렇게 애를 썼던 하나님과의 교제를 이끌어 가신다. 행실을 통해 찾으려고 했던 것을 십자가 아래에서 선물로 받게 된다. 이는 짐과 정죄만을 가져오던 방법들로 하나님과의 교제를 찾으려 했던 고통스러운 의무에서 놓이고 자유하게 되는 것을 의미한다.

당신이 만약 십 달러 지폐를 잃어버려서 여기저기에서 찾다가 결국 발견하게 되었을 때 맨 처음 할 일이 무엇이겠는가? 그것은 찾는 것을 멈추는 것이다. 그리고 십자가 아래에서 평강과 충만함을 발견했을 때 내가 처음으로 할 일은 다른 방법으로 그 것들을 찾는 것을 중지하는 것이다. 이것이 참된 자유이다. 번연이 『천로역정』(*Pilgrim's progress*)에서 십자가를 본 후 순례자의 등에서 짐이 떨어져 나간 때를 언급한 것이 바로 이런 일이다. 그 날 잃어버린 것은 단순히 죄의 짐이 아니라 죽은 행실로 인한 짐도 떨어져 나간 것이다. 예수님이 "수고하고 무거운 짐 진 자들아 다 내게로 오라 내가 너희를 쉬게 하리라"(마 11:28)로 말씀하셨을 때 예수님이 언급한 내용이 바로 죽은 행실로부터 양심을 깨끗케 하는 것이었다.

이를 통해 우리는 "율법 조문의 묵은 것", 즉 율법적 의무로서가 아니라 "영의 새로운 것"(롬 7:6), 즉 우리를 자유롭게 하신 하나님께 사랑과 감사를 드리며 기쁨으로 살아계신 하나님의 일을 하게 되는 것이다.

빛 안에서 행한다면

예수님의 피 안에 있는 교제와 정결케 하심에 대해 요한은 그것들이 조건적이라고 말한다.

> 그가 빛 가운데 계신 것 같이 우리도 빛 가운데 행하면 우

리가 서로 사귐이 있고 그 아들 예수의 피가 우리를 모든 죄에서 깨끗하게 하실 것이요(요일 1:7).

요한의 글에서 빛과 어둠은 선과 악에 대한 모호한 동의어가 아니다. 빛은 어둠을 드러내는 것이고 어둠은 숨기는 것이다. 이 구절에서 하나님은 빛이라고 말하고 있다. 즉, 있는 그대로 모든 것을 보여주는 것이다. 그리고 우리에게 그가 빛 가운데 계신 것 같이 빛 가운데 행하라고 요청하고 있다. 이는 하나님이 죄라고 밝히시는 것이 죄임을 하나님과 동의하는 것을 의미한다. 그렇게 하면 예수의 피가 모든 죄에서 우리를 깨끗케 하실 것이라고 약속한다. 그렇기 때문에 빛 가운데서 행하는 것은 두려워할 것이 아니라 환영해야 할 일임을 보여준다. 그의 피는 정결케 한다. 더군다나 빛을 받아들이는 것에 대한 보상은 더 많은 빛이 주어지는 것이다. 그러한 새로운 드러냄을 위해 예수의 피는 충분하고 넉넉하다.

양심은 오류가 없는가?

양심에 대한 많은 이야기를 했다. 그것은 오류가 없는 것인가? 대답은 그렇지 않다는 것이다. 시계는 시보를 통해 점검한 후 교정되어야 하듯이 양심도 하나님의 말씀과 하나님의 영을 통해 바르게 되고 교훈을 받아야 한다. 스스로에게 맡겨두면 고장이 나서 속박을 당하게 된다. 예를 들어 하나님은 당신이 일이 아닌 믿음을 통해 선물로서의 축복을 얻기를 원하시는데 당신은 그 복을 얻기 위해 충분한 "일"을 하지 않는다고 스스로를 정죄할 수 있다.

말씀으로 교훈을 받지 않으면 양심은 우리에게 이상한 계략을 사용하게 된다. 스페인의 필립 왕이 바로 이에 해당한다. 그는 자신의 함대와 다른 나라에서의 사업이 실패한 것은 더 많은 개신교 이단들을 처형하지 않았기 때문이라고 꽤나 확신했다. 그는 하나님 앞에서 그것으로 인해 애통해 했다. 양심이 은혜를 통해 가르침과 교훈을 받을 때에야 죄를 깨닫도록 일하시는 영원한 동반자이신 성령님께 복된 모습으로 협력하게 된다. 찰스 웨슬리의 구절을 사용한다면 성령님의 가장 위대한 사역은 "예수의 피로 나를 데리고 가서 상처입은 나를 온전하게 하는" 것이다. 이 역사는 언제나 성령의 일깨우심 속에 일어난다. 그분의 존귀한 이름을 찬양하라.

제8장 | **불경건한 자들을 위한 칭의**

²⁴그리스도 예수 안에 있는 속량으로 말미암아 하나님의 은혜로 값없이 의롭다 하심을 얻은 자 되었느니라 ²⁵이 예수를 하나님이 그의 피로써 믿음으로 말미암는 화목제물로 세우셨으니 이는 하나님께서 길이 참으시는 중에 전에 지은 죄를 간과하심으로 자기의 의로우심을 나타내려 하심이니 ²⁶곧 이 때에 자기의 의로우심을 나타내사 자기도 의로우시며 또한 예수 믿는 자를 의롭다 하려 하심이라(롬 3:24-26).

⁵일한 것이 없이 하나님께 의로 여기심을 받는 사람의 복에 대하여 다윗이 말한 바(롬 4:5).

²³그에게 의로 여겨졌다 기록된 것은 아브라함만 위한 것이 아니요 ²⁴의로 여기심을 받을 우리도 위함이니 곧 예수 우리 주를 죽은 자 가운데서 살리신 이를 믿는 자니라 ²⁵예수는 우리가 범죄한 것 때문에 내줌이 되고 또한 우리를 의롭다 하시기 위하여 살아나셨느니라(롬 4:23-25).

²⁸그러므로 사람이 의롭다 하심을 얻는 것은 율법의 행위에 있지

않고 믿음으로 되는 줄 우리가 인정하노라(롬 3:28).

²⁴이로 보건대 사람이 행함으로 의롭다 하심을 받고 믿음으로만은 아니니라(약 2:24).

이제 우리는 하나님이 죄인을 의롭게 하시는 위대한 주제에 다다르고 있다. 바울의 언어를 빌리자면 "불경건한 자를 의롭게 하시는 하나님"이라는 주제이다. 복음 가운데서 가장 흥미진진한 요소중 하나이다. 마틴 루터, 칼빈, 쯔빙글리와 같은 16세기의 사람들과 18세기의 웨슬리 형제, 조지 휫필드, 조나단 에드워즈와 함께 영국과 미국에서 일어났던 강력한 부흥을 통해 개혁으로 이어지게 했던 것이 바로 이런 진리의 재발견이었다.

그것은 단순히 "칭의"라기 보다는 "믿음으로 의롭게 되는 것"(롬 4:5)이라 보통 일컬어진다. 다시 발견하게 된 기본적 진리는 행위를 통한 것이 아닌 믿음을 통해 하나님 앞에서 죄인이 의롭게 된다는 사실이었기 때문이다. 바울은 당시의 유대주의자들(Judaizers)과 율법주의자들(legalists)과 오래고도 힘든 싸움을 벌였다. 여러분은 서신서와 사도행전의 이야기에 놓여 있는 전선을 볼 수 있다. 하지만 그 싸움에서 승리했고 복음은 오늘날까지 보존되어 내려오고 있다. 하지만 그 이후로 교회는 다양한 정도로 진리에서 떠나는 일을 반복했다. 은혜에서 율법으로 그리고 믿음에서 행위로 변질되는 것은 늘 교회의 쇠락을 의미했다. 그런 상황은 "마른 뼈로 가득찬 골짜기"(겔 37:2-3)와 다름없다. 하지만 이런 진리의 재발견은 교회를 늘 영광스러운 부흥으로 이르게 했다. 부흥을 경험하는 것의 본질적인 부분이 바로 진리의 재발견이기 때문이다. 바로 이 시간까지 이런 샘물로부터 사람의 영혼을 위한 가장 달콤한 생수가 여전히 흘러나온다.

강의하는 사람이 하는 것처럼 이 장의 시작은 믿음으로 의롭게 되는 것이 어떻게 시작되고 마지막에는 그것이 어떻게 끝이 나는가를 다루는 것이 자연스러울 것이다. 하지만 이 주제가 학문적이 행위가 되어서 이 시대에 일어나는 벅찬 부흥이 아니라 강의실과 칠판의 분위기로 흐를까봐 두려워진다.

하나님이 당신을 의롭게 하신다면

믿음으로 의롭게 되는 것을 순서에 따른 질서정연한 설명보다는 이 진리에서 얻게 되는 개인적 적용중의 하나로 시작했으면 좋겠다. 이는 처음부터 우리의 마음을 움직이고 축복할 대상을 다루고 있으며 단순한 정보제공을 위한 것이 아님을 보여주기 위해서다. 그래야만 흥분되고 기대되는 마음으로 이번 장이 진행될 것이다.

어디에선가 "믿음으로 의롭게 된 자는 사람들이 자신에 대해 어떻게 생각할 것인지에 대해 걱정할 필요가 없다"는 글을 읽은 적이 있다. 정말 좋은 말이다. 이 말은 분명히 바울이 다음과 같이 한 말에 기초하고 있다. "의롭다 하신 이는 하나님이시니 누가 정죄하리요"(롬 8:34). 이 문장에서 바울의 논거는 하나님이 당신을 의롭다하시고 당신 편에 서 있다는 것을 보여주신다면 누가 당신을 정죄해도 문제가 되지 않는다는 것이다. 우리는 정죄나 비판을 당하지 않고서 인생을 살아갈 수 없다는 것을 모두 알고 있다. 사람들이 지금 당장 우리를 비판하지 않는다고 해도 언젠가는 그럴 수 있다고 생각한다. 우리 중 누군가는 사람들이 우리를 어떻게 생각할 것인지에 대한 두려움으로 늘 고통 받는다.

지금 다루는 이 문제는 심각한 것이다. 그것은 안정감의 기초를 공격하는 것이기 때문이다. 다른 사람이 우리가 잘못했다고 생각한다면 하나님도 아마 그렇게 생각하실 것이고 우리는 확신을 잃게 된다. 그런 경우 피해의식이 작동되어 재빨리 자신을 변호하고 합리화하게 되는데 이는 우리를 더욱 비참하게 할 뿐이다.

우리를 의롭게 하시고 그렇다는 확실한 증표를 주시는 분이 하나님이시라면 우리를 정죄할 자는 아무도 없다. 그렇다면 우리는 믿음으로 의롭게 된다는 사실을 의심할 필요가 전혀 없는 것이다. 로마서 전체는 당신이 의롭게 되었다는 것을 알게 하려고 기록되었다. 여러분은 "그것은 얼마나 복된 경험인가! 다른 사람들이 나에 대해 어떻게 말하고 생각하는 지에 대한 염려에

사로잡히고 마음이 빼앗기는 데서 자유로워진다면 무엇이라도 못하겠는가?"라고 말할 수 있을 것이다. 하지만 아무 것도 할 필요가 없다. 그러한 안식은 아무 대가 없이 주어지는 것이다. 그것은 믿음으로 의롭게 된 자신을 알게 된 데서 나타나는 일들 중의 하나로 결국 복된 주제 전체로 이어지는 것이다.

복음의 핵심에 대한 기본적 정의

하나님이 믿음으로 말미암아 죄인을 의롭다고 하신다는 것이 복음의 핵심이다. 이는 로마서 서두에서 말하는 것이다.

> 내가 복음을 부끄러워하지 아니하노니 이 복음은 모든 믿는 자에게 구원을 주시는 하나님의 능력이 됨이라…복음에는 하나님의 의가 나타나서 믿음으로 믿음에 이르게 하나니(롬 1:16-17).

시작부터 나는 여러분이 두 가지 어려움을 경험하리라 예상하게 된다. 이 두 가지는 도입부에 인용된 "의"라는 단어이다. 믿음으로 말미암는 의가 복음의 핵심임을 기술하면서 시작했고 "복음에는 하나님의 의가 나타나서"라는 본문을 인용함으로 이에 대한 실제적인 증거를 들었다. 이후에 로마서에서는 두 가지 단어인 "의"(righteousness)와 "의롭다 하심"(justification)이 서로 밀접한 관련성이 있는 것처럼 함께 등장하는 것 같다. 여러분은 둘 사이에 어떤 연관성이 있는지 이해할 수 없다고 말할 것이다. 이 단어들은 이 글에서 서로 바꿔 사용할 수 있는 것인가? 정확히 말해 그렇다. 헬라어 원문에서 이들은 동일한 어근을 갖고 있고 같은 의미를 지닌다. 의(righteousness)는 명사이고 의롭게 하다(justify)는 동사이다. 번역자가 다른 발음되는 명사와 동사를 사용한 것은 영어라는 언어의 한계일 뿐이다. 동일한 어근을 유지하려면 "의롭게하다"(justify)를 다른 영어단어인 "righteousify"로 번역해야만 한다. 물론 그것이 진짜 영어단어는 아니다. 하지만 이 단어는 하나님이 믿음을 가진 죄인을 의롭게 하실 때 하시는 사역을 보여준다. 하나님은 죄인을 의롭게 하시는(righteousify) 것이다. 다시 말해 하나님이 하시지 않았으면 갖지 못했을 의가 그에게 전가된 것이다.

예를 들어 다른 사람에게 실제로는 전혀 있지도 않는 마땅치 않은 마음의 동기를 전가시키기가 얼마나 쉬운가? 그런데 은혜는 그 반대의 일을 한다. "하나님은 경건하지 못한 자를 의롭게 하신다." 하나님은 믿음을 고백하는 자에게 그가 소유하지 않은 의를 전가하고 그렇다고 믿으시는 것이다. 그는 자신이 의를 소유하거나 이룬 적이 없다. 하지만 하나님께 돌아선 죄인을 다루시는 자비의 하나님이 일하시는 방식에 대해 어느 정도의 확신은 가지고 있다. 이는 하나님이 이렇게 말씀하시는 것과 같다. "너에게는 칭찬할 만한 것이 딱히 없지만 내가 죄인을 위한 선한 계획을 갖고 있다는 겨자씨 한 알 만큼의 믿음이라도 있다면 나는 그 연약한 믿음을 내게 전적으로 만족할만한 의로서 너에게 돌릴 것이다"(롬 4:5 참조).

진도가 어느 정도 나갔지만 이제 바울이 "의"라고 사용한 단어를 조금 더 세부적으로 정의해야만 한다. 우리가 보통 사용하는 것과는 조금 다른 의미로 이 단어를 사용해도 여러분은 놀라지 않을 것이다. 결국 세상에서 가장 고귀한 지혜를 공부하고 있는 것인데 아주 짧은 시간에 그것을 이해하길 기대해서는 안 될 것이다. 새로운 언어를 공부하는 것과 다름없어서 생각을 급진적으로 조정해야 할 것이다.

바울이 이 단어를 보통 사용할 때의 의미는 한 사람이 가지고 있는 성품으로서의 의로움이 아니라 사람이 하나님 앞에 갖고 있는 올바른 지위로서의 의다. 사랑받는 영국의 한 성경교사인 가이 킹(Guy King) 목사는 로마서에 관한 글에서 의를 "하나님과의 바른 관계"로 해석했다. 얼마나 훌륭한 해석인가? 의를 정상적으로 이해할 때 바로 거기에서 다른 모든 형태의 의가 흘러나오게 된다. 하지만 하나님과 바른 관계에 있지 않으면 다른 어디에서도 바른 관계로 이어질 수가 없다. 성경은 아무도 하나님과 바른 관계에 있지 않다는 단정적인 진술을 다음과 같이 한다.

기록된 바 의인은 없나니 하나도 없으며(롬 3:10).

따라서 인간은 다른 어느 곳에서도 항상 잘못되어 있다.

복음이 하는 우선적 일은 인간의 근본적인 필요와 씨름하는 것이다. 복음은 죄인에게 하나님께 전적으로 받아들여질 만한 완전한 의(하나님과의 바른 관계)를 드러내고 권한다. 하나님은 의를 제공하시는 분이기 때문이다. 사람이 자신을 위해 성취하려고 하는 의와 대조되기 때문에 그것은 "하나님의 의"라고 불린다. 하지만 하나님은 이러한 하나님의 의를 사람의 공로가 아닌 예수에 대한 믿음을 유일한 근거로 하여 회개하는 죄인의 것으로 기꺼이 돌리려 하신다. 하나님은 믿음으로 말미암아 사람을 의롭다 하시는(righteousify) 것이다. 이 내용이 로마서의 위대한 메시지이며 이신칭의라고 언급되는 복음의 기본적인 복이다. 이러한 위대한 주제를 다루는 용어들에 대한 기본적인 정의가 있다. 나는 이 정의가 성경을 새로 읽는 사람들에게 바울 서신의 주요한 주제들 중의 하나에 대한 실마리를 제공한다고 믿는다. 이제 단순한 정의를 넘어서 이 기쁜 소식을 완전하게 맛보는 자리로 나아갔으면 한다.

먼저 이 진리들은 인간 구원의 첫 단계에 처음으로 적용되지만 그리스도인으로서 죄에 빠져 있는 사람에게도 많은 적용점을 갖는다는 것을 확실히 해두어야만 하겠다. 의롭게 된 죄인이 어떻게 걸어가고 있느냐에 따라서 의로운 상태를 들락거리게 됨을 이야기하는 것이 아니다. 그렇다면 다시 율법 아래로 돌아가는 것이며 자신이 어디에 서있는 것인지를 알지 못할 것이다. 우리가 의롭게 된 사실은 영원불변하며 전적인 은혜이다. 그러나 죄가 들어올 때 그리스도인이 구원을 잃는 것은 아니지만 그를 구원하신 분과의 교제를 잃어버리게 된다. 따라서 죄를 고백하기 전까지, 그동안 누려왔던 기쁨은 분명히 상실되며(정말 심각한 손실이다) 회개하면 이 모든 것이 회복된다. 그가 처음 구원 안으로 들어가는데 사용된 수단들은 돌아오는데도 사용된다.

그러므로 의롭게 되는 것은 건조한 교리가 아니라 계속적으로 살아 숨쉬는 것으로 지금 누리게 되는 경험이다. "이제 우리가 그의 피로 말미암아 의롭다 하심을 받았으니"(롬 5:9). 의롭게 됨은 그렇게 지속되는 것이다.

첫 번째 사실,
하나님은 불경건한 자를 의롭게 하신다

이제 우리는 의로운 자를 의롭다 하시는 하나님에 대해 쉽게 상상할 수 있다. 그것은 하나님이 구약의 재판관들에게 "재판장은 그들을 재판하여 의인은 의롭다 하고 죄인은 정죄할 것이며"라고 명하고 있기 때문이다. 하지만 로마서에서는 매우 다른, 심지어는 혁명적이기까지 한 직분으로 부르시고 있다. 그것은 "경건하지 아니한 자를 의롭다고 하시는 이를 믿는"(롬 4:5) 부름을 받고 있는 것이다. 우리가 기대하는 바의 정반대이다. 불경건한 자를 의롭다고 하시는 것은 하나님으로서는 도덕적이지 못한 것으로 보인다. 특별히 지상의 재판관들에게 이미 말씀하신 것을 통해서 보면 말이다. 하지만 불경건한 자를 의롭다고 하시는 말씀이 사실이라면 그것은 분명 죄인에게도 기회를 주시는 말씀이다. 우리는 모두가 타고난 불경건함과 씨름하고 있기 때문이다. 하지만 민감한 양심을 가진 사람에게는 스스로의 불경건함을 고백한 사람을 하나님이 의롭게 하시리라는 믿음이 분명 어느 정도는 필요하다.

　로마서 4장은 이 사실이 어떤 사람들에게는 믿음의 문제를 일으킨다는 것을 가정하고 있다. 그것은 아브라함과 사라가 나이를 완전히 넘겼음에도 불구하고 아이를 갖게 되리라는 실현 불가능한 약속을 믿으라는 부름을 받았을 때 불신앙과 씨름하는 아브라함의 모습을 계속적으로 인용하고 있기 때문이다. 아브라함은 육체적으로 불가능한 일을 위해 믿음의 명령을 받았으며 당신과 나는 도덕적으로 불가능한 일을 위해 믿음으로 부름을 받고 있다(롬 4:19-25). 하지만 우리가 은혜의 하나님을 믿되 아브라함처럼 "바랄 수 없는 중에 바라고 믿고" "믿음이 없어 하나님의 약속을 의심하지 않되" 하나님의 약속을 이루어질 사실로서 확신가운데 받아들인다면 우리의 믿음은 의로서 여겨질 것이다. 그렇지 않으면 우리는 완전한 외인으로 남아있었을 것이다.

이 시점에서 하나님이 죄인에게 의를 분여한다고(impart) 말하는 것이 아님을 주목하라. 하나님은 의를 전가하시는(impute) 것이다. 분여와 전가는 전혀 다른 이야기이다. 전가되는 의를 통해서 죄인이지만 자신이 하나님께 완전하게 받아들여진다는 사실을 알 수 있다. 믿음으로 의롭게 된다는 것은 우리가 의로운 분이셨던 예수님처럼 실제적으로 의로운 사람이 되는 것이 아니다. 나의 삶이 현재는 누더기와 같다고 해도 은혜를 통해 의롭게 된다. 하나님이 누더기와 같은 나를 의롭다고 선언하시거나 인정하신다는 것이 은혜이다. 탕자의 아버지가 "제일 좋은 옷을 내어다가 입히고 손에 가락지를 끼우고 발에 신을 신기라"(눅 15:22)고 말한 때는 아들이 여전히 누더기를 걸치고 있을 때였다. 이런 은혜를 아는 것은 은혜를 받는 사람에게는 중요한 문제이며 다른 어떤 것보다 거룩함으로 살기 위한 동기를 부여해 준다. 하지만 그렇다고 해도 성령이 우리 안에 두시는 새로운 소원과 절제함도 하나님과의 새로운 관계를 위한 근거가 될 수는 없다.

유일한 근거는 예수님의 피다.

> 이제 우리가 그의 피로 말미암아 의롭다 하심을 받았으니(롬 5:9).

이렇게 주어진 은혜를 받아들일 때 여호와께서 나를 두고 선포하시는 것 이상으로 하나님과의 관계가 바르게 될 수는 없다. 천사장 가브리엘조차도 하나님 앞에서 나보다 더 의롭지 못하다. 우리는 "예수는 하나님으로부터 나와서 우리에게 의로움이 되셨으니"(고전 1:30)라는 말을 듣고 있다. 존 번연에게 이 말은 자신을 자유하게 하는 최종적인 진리였다. 여전히 확신이 부족하여 용서받지 못할 죄를 저지르지 않을까 두려워하는 가운데 번연은 정원을 걷고 있었다. 그때 하늘에서 목소리가 들렸다. "너의 의는 하늘에 있다." 그런 구절이 있을 만한 곳을 찾으려고 성경을 펼쳤는데 "예수는 하나님으로부터 나와서 우리에게 의로움이 되셨으니"라는 말씀을 발견했다. 그리고 그 순간 존 번연은 우리가 말하듯이 "요단 강을 건너기를 마친" 것이다.

> 거기 계신 주, 살아나신 어린 양을 보라
> 완전하고 흠 없는 의로서
> 변함없는 위대한 여호와시며

영광과 은혜의 왕이시다

―방크로프트(C. L. Bancroft)

두 번째 사실,
이 모든 것은 예수의 십자가를 기초로 한다

바울은 "그리스도 예수 안에 있는 속량으로 말미암아 하나님의 은혜로 값 없이 의롭다 하심을 얻은 자 되었느니라"고 말한 후에 "이 예수를 하나님이 그의 피로써 믿음으로 말미암는 화목제물로 세우셨으니"(롬 3:24-25)라는 말을 주의 깊게 덧붙였다. 우리가 의롭게 되는 것은 오직 예수의 피를 기초로 한다.

하지만 여러분은 말할 것이다. 왜 피인가? 왜 피가 개입되어야 하는가? 바울은 그 질문에 "자기의 의로우심을 나타내려 하심이니"(롬 3:25)라고 대답한다. 십자가에서의 예수님의 희생은 하나님의 사랑을 선언하기 위함이라는 개념에 우리는 익숙하다. 여기에서 우리는 하나님의 의로우심을 선언하기 위함이라는 말을 듣고 있다. 우리의 죄에 대해 정의가 시행되어야 했고 우리는 십자가 위에서 정의가 시행된 것을 보게 된 것이다. 그렇다. 정의가 시행되었다. 예수님은 죽으셨다. 우리를 하나님 앞으로 가져가기 위해 정의로운 분이 정의롭지 못한 자를 위해 죽으신 것이다. 아들의 희생을 통해 죄를 없애는 것은 하나님의 사랑일 뿐 아니라 그런 방식으로 행하시는 것이 하나님의 정의이기도 하다. 바울은 "한 의로운 행위로 말미암아 많은 사람이 의롭다 하심을 받아 생명에 이르렀느니라"(롬 5:18)고 말한다. 갈보리는 사랑의 행위일 뿐 아니라 의의 행위이다. 우리의 죄에 대한 응분의 대가가 다른 분의 손에 행해진 것이다.

하지만 바울의 위대한 말씀이 아직 끝나지 않았다. 그는 십자가의 사역이 현재를 위한 것일 뿐 아니라 과거를 위해서도 적용되어야 한다는 것을 보여주려고 한다. 아브라함과 그의 죄를 예로 들어보자. 그가 주를 믿은 것이 그에게 의로 여겨졌을 때 그의 믿음은 죄를 마음에 둔 것이 아니었다. 그보다는 약속된 아들에 대한 것이었다. 그러나 그의 믿음으로 인해 아브라함은 의롭다고 여겨졌다. 하지만 그의 죄는 어떠한가? 그것은 용서된 것인가? 대답은 "예"이면서도 "아니오"이다. 아브라함에게는 의가 전가되었지만 죄는 그때에 용서받지 못했다. 로마서 3장의 표현을 사용하자면 "길이 참으시는 중에 전에 지은 죄를 간과"(롬 3:25)하신 것이다. 죄는 하나님의 어린 양에게로 옮겨져야 했고 무서운 죄의 삯은 피를 통해 지불되어야 했다. 하나님은 그 모든 것이 해결될 날을 기대하며 단순히 죄를 간과하신 것이었다. 그래서 예수님이 자신의 몸으로 나무 위에서 값을 지불하며 매달리셨을 때 구약시대의 성도들의 죄를 간과하시면서 하나님의 의를 선포했던 것이다. 십자가 위에서 예수님의 한 쪽 팔은 구약의 빚을 해결하기 위해 역사의 새벽으로 돌아갔고 다른 쪽 팔은 십자가 사건 이후에 행해 질 죄를 해결하기 위해 역사의 끝을 향해 뻗어 있다. 십자가는 구약시대에 회개했던 사람들의 죄를 간과한 것이 하나님의 의로움과 정의로움이었다고 선포한다. 그것은 지금 이 순간에도 예수님을 믿는 사람들을 의롭다고 하는 하나님이 정의로우신 것과도 같은 것이다.

세 번째 사실, 이 모든 일은 행실과는 무관하다

이것은 은혜의 문제인 만큼 바울은 "그러므로 사람이 의롭다 하심을 얻는 것은 율법의 행위에 있지 않고 믿음으로 되는 줄 우리가 인정하노라"(롬 3:28)고 말하는 것이다. "있지 않고"라는 말에 주목하라. 그것은 행실이 좋든 나쁘든 "상관없이"라는 의미를 갖는다. 당신의 선함이 도움이 되지 않을 것이며 적절하게 고백만한다면 악함도 걸림돌이 될 필요가 없을 것이다. 할 수 있는 한 모든 선을 행하라. 하지만 그것이 하나님 앞에 서는데 조금도 도움을 주지 않을 것이다. 의롭다 하심을 얻는 것은 처음부터 끝까지 거저 주어지는 것이다. 그렇기 때문에 그 의는 끝까지 당신의 것으로 안전하게 남아 있게 된다.

하나님은 여러 가지 이유로 행실을 통하는 것을 금지하셨다. 종종 행실이라는 방법은 하나님으로 하여금 빚을 지게 하려는 시도가 된다. 이는 앞서 나왔던 구절 즉, 일하는 자에게는 그 삯이 은혜로 여겨지지 아니하고 보수로 여겨지거니와"(롬 4:4)에서 분명히 가르친다.

사람이 일이라는 방법으로 보수를 얻는다면 그것은 분명히 은혜로서가 아니라 부채로서 그에게 빚진 것을 주는 것이다. 이 구절에서 사람은 하나님이 우리에게 구원 혹은 축복을 빚지도록 하는데 명백히 성공한 것으로 그려지고 있다. 그것은 하나님이 결코 허용하지 않는 것이다. 하나님은 말씀하신다. "누가 주께 먼저 드려서 갚으심을 받겠느냐?"(롬 11:35). 대답은 아무도 그럴 수 없다는 것이다. 우리는 빚의 형태로 하나님에게서 아무 것도 얻지 못한다. 오직 자비의 선물로서만 가능하다. 그것을 제외하고는 아무것도 받을 수 없다.

바울과 야고보

행위와 무관한 믿음이라는 측면은 야고보 사도가 "이로 보건대 사람이 행함으로 의롭다 하심을 받고 믿음으로만은 아니니라"(약 2:24)고 말한 내용이 얼핏 보면 바울의 메시지와 거의 상충

된다는 사실을 인정하지 않고서는 떠날 수 없는 주제이다. 한층 더 낯설게 만드는 것은 야고보가 자신이 말한 내용의 실례로서 인용하는 구약의 두 인물이 바울이 자신의 메시지를 위해 예로서 인용한 두 인물과 동일하다는 것이다. 두 인물은 바로 로마서의 아브라함과(약 2:21; 롬 4:1-3) 히브리서에 나오는 라합이다(히 11:31, 나는 바울을 히브리서의 저자로 본다).

두 개의 구절들을 유심히 살펴보면 전혀 상충되지 않으며 상호보완적이라는 것을 발견하게 될 것이다. 바울은 하나님 앞에서 사람이 믿음으로만 의롭다하심을 얻는다는 위대한 진리를 강조하는 것이며 야고보는 바로 그 믿음은 믿음에 의해 촉발된 행위를 통해서 참된 것으로 정당화되거나 드러나야 한다는 것을 강조하고 있다.

나는 더 이상 내용을 덧붙이지 않을 것이며 관련된 구절은 독자들이 살펴보고 구분해 보도록 남겨 놓겠다. 여러분의 숙제를 대신하고 싶지는 않다. 하지만 믿음의 모든 결단은 우리가 취하는 자세, 다시 말해 믿음의 결과로서 우리가 내리는 결정과 취하는 행동을 통해 구체적으로 결실을 맺고 드러날 필요가 있다는 것을 강조하고 싶다. 자세히 살펴보면 아브라함과 라합 모두 행위 이전에 믿음이 참되지 않았다면 결코 취하지 않았을 특정한 행동을 한 사람으로서 인용되고 있다는 것을 알게 될 것이다. 여기에서 여러분이 풀어야 할 수수께끼와 퍼즐이 있다. 그들의 믿음이 정당화될 수 있었던 두 인물이 취한 확증적인 행동은 무엇이었나? 여기에서 배우게 될 교훈은 놀랄만한 것이다.

네 번째 사실, 회개와 무관하지 않다

의롭게 되는 것이 행위에 있지 않음을 말하고 있지만 회개와 무관하지 않다는 것도 이야기해야만 한다. 믿음으로 의롭게 됨을 강조하고 있지만 구원하는 믿음은 거의 대부분 회개를 포함한다는 것을 확실히 해두어야만 하겠다.

예를 들어 인용 구절인 "일을 아니할지라도 경건하지 아니한 자를 의롭다 하시는 이를 믿는 자에게는"을 살펴보자. 그것은 죄인의 자리를 취한다는 것을 암시하지 않는가? 그리스도인이라고 고백하지만 우리 스스로가 경건하지 않은 자이고, 행동으로는 아니어도 반응에 있어서 불경건함을 고백하지 않고서 어떻게 경건하지 않은 자를 의롭다고 하시는 그분을 믿을 수 있는가? 죄인의 자리를 취하는 것은 참으로 난처한 일이다.

행위로 의롭게 되는 것을 하나님이 금지하신 또 다른 이유는 "순종이 제사보다 낫고 듣는 것이 숫양의 기름보다 나으니"(삼상 15:22)라고 말씀함에도 불구하고 그것이 회개를 공손한 방식으로 대신할 수도 있기 때문이다. 우리의 마음은 심히 부패해서 몸을 굽혀 우리 수준에 맞게 열려진 회개라는 낮은 문으로 들어가려 하기보다는 엄청난 비용을 지불하더라도 다른 양의 문으로 올라가려 할 것이다.

거룩은 회개의 결과로 사랑이 동기가 되어 따라올 것이다. 왜냐하면 "사함을 많이 받은 자가 많이 사랑하기"(눅 7:47) 때문이다. 회개와 "그 피를 주목하는 것"을 통해 다가오는 영혼의 해방은 너무나도 큰 것이어서 자유를 얻은 사람은 자신을 위해 모든 일을 행하신 사랑의 주님을 위해 어떤 일이든지 할 것이다. 이런 방식으로 "믿음은 사랑으로써 역사"하고 믿음이 역사할 때 그것은 실제적인 역사가 된다. 그러므로 행위는 의롭다 하심을 받는 것보다 앞서지 않는 대신 복되고 자연스런 결과로서 따라오게 된다. 거룩은 결과로서 뒷문으로 따라오는 것이지 원인이 되지 않는다. 얼마나 기뻐할만한 은혜의 모략인가?

> 나의 영혼을 구원하기 위해 할 수 있는 일은
> 존재하지 않습니다
> 이미 주님께서 이루셨기 때문입니다
> 하지만 나는 다른 모든 종들처럼 일할 것입니다
> 하나님의 귀한 독생자의 사랑 때문입니다

자신이 잘못되었다고 고백하는 사람을
의롭다고 하시는 하나님을 믿는 것

이제 우리가 다다르게 되는 요점은 바로 이러하다. 그것은 자신이 잘못되었다고 고백하는 사람을 의롭다고 선언하시는 하나님을 믿는 것이다. 그렇기 때문에 어서 빨리 당신이 죄인임을 고백하라. 그렇게 할 때 우리에게 다가오는 은혜는 죄인의 자리에 앉는 것에 대한 가장 큰 인센티브가 될 것이다. 모든 사람이 자신의 관점을 들이대고 자신의 옳음을 강변하는 논증과 토의에서 자신이 잘못을 고백하는 사람이 있다면 그것은 얼마나 상쾌한 일인가? 적어도 한 사람과 관련해서는 신선한 바람이 불기 시작하는 것이다. 하지만 한 사람의 죄인을 발견하는 것이 보통 얼마나 어려운가? 하나님이 죄인을 찾느라 무척이나 자주 바쁘시리라는 것은 놀랄 일도 아닐 것이다.

자신이 잘못되었다고 고백하는 사람을 의롭다고 선언하시는 하나님의 실례로서 세리와 바리새인의 비유를 들어보자(눅 18:13-14). 바리새인과는 달리 세리는 성전 뒤편에 멀리 떨어져서 자신의 가슴을 치며 다음과 같이 말한다.

> 하나님이여 불쌍히 여기소서 나는 죄인이로소이다(눅 18:13).

아마도 그때까지 세리는 화를 내며 다른 사람들을, 자신의 부인을, 아이들을, 동료들을 비난했을 것이다. 하지만 그날 세리가 사실상 "내가 잘못된 사람입니다. 하나님, 당신께 잘못했고 다른 모든 사람들에게 잘못했습니다."라고 말했을 때는 하나님이 세리에게 승리한 것이다. 상한 심령을 가진 자에게 하나님은 어떻게 반응하셨는가? 세리의 반응은 본질적으로 깨어짐의 반응이었고 예수님은 이렇게 말씀하셨다.

> 저 바리새인이 아니고 이 사람이 의롭다 하심을 받고 그의 집으로 내려갔느니라(눅 18:14).

아마도 하나님은 "내가 죄인입니다"라는 말을 하기까지 오랜 기간을 기다리셔야 했을 것이다. 하지만 성령께서 그 사람을 이기셨고 예수님은 자신이 잘못되었음을 고백한 사람을 옳다고 선언하셨다. 무엇보다도 하나님과의 관계에 있어서 바르게 되었음을 선포하신 것이다.

우리도 우리 자신이 잘못되었음을 고백하면 하나님과의 관계가 이제 바르게 되었다는 하나님의 말씀을 믿어야만 한다. 그동안 실패한 모든 것을 고려해 본다면 우리가 잘못되었다고 고백하는 것만큼이나 우리가 옳다는 것을 믿기가 힘들다. 하지만 하나님은 믿음으로 헤쳐 나갈 수 있도록 우리를 도우신다.

나는 두 종류의 전투를 한다는 것을 인정하려고 한다.

첫 번째 전투는 내가 잘못되었다는 것을 인정하는 것이다. 나는 교만해서 스스로가 잘못되었다는 것을 인정하기를 싫어하기 때문에 하나님에게든, 다른 사람에게든 그것이 어렵다는 것을 안다. 결국에 나의 잘못됨을 인정한 후에는 다음 전투가 기다리고 있다.

두 번째 전투는 예수님의 피로 인해 내가 옳게 되었고 하나님과 관계가 바르게 되었음을 믿는 것이다. 나를 고소하는 양심과의 전투는 경직된 의지와의 전투만큼이나 심각할 수 있다. 하지만 이 전투에서 이겨야만 한다. 그 피의 능력을 믿어야만 한다. 아브라함과 같이 소망할 수 없는 가운데 소망하며 믿어야만 한다. "경건하지 못한 자를 의롭다고 하시는 하나님"을 믿어야만 하는 것이다. 무엇보다 나는 아들의 피가 하나님께 충분했으며 나를 위해서도 충분했다는 표징으로서 "예수 우리 주를 죽은 자 가운데서 살리신 이를" 믿어야만 한다. 화평이 다시 찾아오고 나는 구속이라는 땅 위에 새롭게 서있게 된다. 아브라함이 겪었던 것과 동일한 불신앙과의 전투를 치루고 "약속하신 그것을 또한 능히 이루실 줄을 확신"하는 가운데 아브라함에게 그랬던 것처럼 의가 나에게 전가되는 것이다(롬 4:23-24 참조).

그래서 나는 믿음으로 의롭다 하심을 얻는 새로운 경험을 하는 것이다. 다른 사람들이 나에 대해 어떻게 생각하느냐는 중요하지 않다. 누더기를 입은 채로 그분께 돌아가지만 나를 의롭다고 하시는 분은 가장 높은 하나님이시다. 누구든지 내게 와서 나에 대한 불안감을 토로한다면 나는 곧 바로 그 말에 동의할 수 있고 이렇게 말할 것이다. "당신 말이 맞습니다. 하나님은 내게 동일하게 말씀하셨습니다. 하지만 주님은 예수님의 피로 나를 깨끗케 하시고 나를 다시 의롭게 하셨습니다." 우리가 잘못되었음을 인정할 때 하나님이 우리를 위하신다면 누가 우리를 대적할 수 있겠는가?

Good News for Bad People

제9장 핵심적인 실마리가 되는 회개

²⁸그러나 너희 생각에는 어떠하냐 어떤 사람에게 두 아들이 있는데 맏아들에게 가서 이르되 얘 오늘 포도원에 가서 일하라 하니 ²⁹대답하여 이르되 아버지 가겠나이다 하더니 가지 아니하고 ³⁰둘째 아들에게 가서 또 그와 같이 말하니 대답하여 이르되 싫소이다 하였다가 그 후에 뉘우치고 갔으니 ³¹그 둘 중의 누가 아버지의 뜻대로 하였느냐 이르되 둘째 아들이니이다 예수께서 그들에게 이르시되 내가 진실로 너희에게 이르노니 세리들과 창녀들이 너희보다 먼저 하나님의 나라에 들어가리라(마 21:28-31).

³⁰알지 못하던 시대에는 하나님이 간과하셨거니와 이제는 어디든지 사람에게 다 명하사 회개하라 하셨으니 ³¹이는 정하신 사람으로 하여금 천하를 공의로 심판할 날을 작정하시고 이에 그를 죽은 자 가운데서 다시 살리신 것으로 모든 사람에게 믿을 만한 증거를 주셨음이니라 하니라(행 17:30-31).

¹⁹네가 열심을 내라 회개하라(계 3:19).

회개로 부르시는 주된 목적은 아무리 강조해도 지나치지 않다. 하나님의 이런 요청이 잃어버린 세상을 향한 것이든, 구속되었지만 빈곤한 상태에 있는 교회이든, 주님의 첫 번째 말씀은 회개하라는 것이다.

이런 이유로 예수님은 직접 이렇게 가르치셨다.

> 회개하라 천국이 가까이 왔느니라(마 4:17).

이 말씀은 앞서 왔던 세례 요한이 선포했던 첫 번째 말씀이기도 했다.

> 회개하라 천국이 가까이 왔느니라(마 3:2).

자신들이 못 박았던 분이 메시아였고 이제는 죽은 자 가운데서 살아나신 분임을 깨달아 "형제들아 우리가 어찌할꼬"라고 죄의 확신 가운데 소리쳤던 오순절 날에 베드로가 첫 번째로 대답한 것이기도 하다. 베드로는 말했다. "회개하여…"(행 2:38).

회개는 복음의 모든 복이 우리에게 생생하게 다가오도록 하며 그리스도인의 삶이 실제로 역사하게 만드는 본질적인 열쇠이다.

이 말을 잃어버린 자들만을 위한 것으로 생각하면 그것은 잘못된 것이다. 회개는 그리스도인을 위한 것이기도 하다. 요한계시록 초반부에서 부활하신 주님은 사도 요한을 통해 당시의 일곱 교회에 메시지를 전하셨다. 일곱 교회 중 다섯 교회에게 주는 메시지는 "회개하라"(계 2:5, 16, 22; 3:3, 19)는 것이었다. 하나님은 그 교회들에게 칭찬할 만한 많은 것이 있었지만 다섯 가지가 넘게 책망할 것이 있다는 것을 말씀하셨다. 그들에 대한 예수님의 요청은 더 열심히 노력하는 것이나 약속을 하는 것이나 더 경건해지라는 것이 아닌 회개하라는 것이었다.

하지만 회개의 메시지는 우리 그리스도인을 위한 것이 아니라는 생각이 널리 퍼져있다. 하지만 본문에서는 전혀 다르다. 한 교회에게는 "회개하여 처음 행위를 가지라"(계 2:5)고 명령하셨다. 처음에 했던 일을 중지했기 때문에 첫 사랑에서 떠난 것이다. 다른 교회에 주는 말씀도 역시 "네가 열심을 내라 회개하라"(계 3:19)는 것이었다. 우리는 모두 그리스도인이 열심을 내는 것이 적절하다고 느낀다. 기도에 있어 열심을 내고, 다른 사람들에게 복음을 증거하는데 열심을 내고, 영혼을 얻는데 열심을 내고, 교회 일에 열심을 내는 것이 옳다고 느낀다. 그러나 예수님은 그 어떤 것보다도 먼저 회개에 열심을 내라고 우리에게 말씀하실 것이다.

회개가 무엇인가?

이제 "회개"란 말을 실제적으로 어떻게 이해해야 하는가? 우리가 가진 성경에 "회개"라고 번역된 헬라어 단어는 단순히 마음을 바꾸는 것을 의미한다. 회개의 의미를 분명하게 드러내는 고전적인 문장은 아버지의 포도원에서 일하도록 보내진 두 아들에 대해 예수님이 말씀하신 비유에 나타난다. 한 아들은 목을 곧게 하고 "싫소이다"라고 대답했지만 나중에 회개하고 갔다(마 21:29). 다른 말로 하면 마음을 바꾼 것이었다. 이보다 더 확실한 것이 있겠는가? 이 구절은 회개라는 단어의 의미를 확실하게 규정한다. 회개란 사람의 마음을 바꾸는 것임을 기억하자. 다른 어떤 의미도 덧대지 말고 적어도 이런 의미로 출발하자.

많은 설교자와 성경교사들이 회개의 내용을 강화하려는 시도로 위에 나온 의미에 부차적인 측면을 덧붙였기 때문에 그렇게 말하는 것이다. 그들은 회개가 마음을 바꾸는 것을 의미하지만 방향을 바꾸는 것과 행동을 바꾸는 것, 그리고 관점을 바꾸고 새로운 삶을 사는 것을 의미한다고 말한다. 이는 기독교 메시지가 "죄짓고 회개하는 증상"을 묵인하는 것처럼 보이는 것을 방지하기 위한 칭찬할 만한 시도 속에서 나타난 것이다. 하지만 의미를 그렇게 제시하면서 겪는 어려움은 우리 편에서 행해야 할 것들이 너무나 많아서 은혜와는 조화되지 못한 채 끝이 나서 우리가 어디에 서 있는지 알지 못한다는 것이다.

마틴 루터의 경험이 이에 딱 들어맞는다. 나는 루터가 살던 시대의 로마 가톨릭 성경은 "회개"라는 단어를 "고해하다"(do penance)로 번역한 것이 사실이라고 생각한다. 그래서 잘 알려진 본문이 "고해하라 천국이 가까이 왔느니라"와 "고해하고 복음을 믿으라"로 나타난다. 루터는 이 본문을 매우 심각하게 받아들이고 고해하려고 노력했지만 자신이 충분히 고해를 했는지 알 수 없었고 구원받았는지 확신할 수 없었다. 루터는 헬라어 단어가 단순히 "마음을 바꾸다"라는 의미임을 배우고 나서야 빛이 임하고 구원이란 은혜에 의하여 믿음으로 말미암는다는 것을 깨닫게 되었다. 또한 하나님의 마음에 합하여 죄인의 자리에 앉는 마음의 변화야 말로 예수님을 믿어 구원으로 이르기 위한 유일한 필요조건임도 깨달았다. 현대 로마 가톨릭 성경이 "고해"라는 단어를 사용하는지는 알 수 없다. 하지만 독일의 복음주의 그리스도인들을 오늘까지 여전히 이 단어로 고민하고 있다. 통역을 통해서 설교를 할 때에 "회개"라는 단어를 사용하면 이들은 종종 마음을 새롭게 하는 것(busse thun)으로 통역한다.

하지만 이들은 루터가 했던 것처럼 고해라는 어려운 의미로 해석하지는 않는다. 이들이 사용할 수 있는 다른 단어로 "회개"(bereuen)를 표현하면 된다. 이들이 모두가 동의하는 가운데 이 단어를 사용할 수 있기를 소원한다.

시각을 바르게 하기

회개는 단순히 자신의 마음을 바꾸는 것을 의미하며 어떤 것에 대한 생각을 바꾸는 것에 대해 사용할 수 있다. 하지만 하나님과의 관계에 관해 이 단어가 사용될 때에는 단 한 가지 사항에 대해 마음을 바꾸는 것을 의미한다. 그것은 우리의 의다.

설명이 필요하다. 사람은 아무리 종교적이든 그렇지 않든 도덕적인 존재여서 이 문제로부터 결코 벗어날 수 없다. 옳고 그름의 문제가 사람의 존재 안에 깊숙이 각인되어 있다. 옳고 그름의 실제적인 기준은 사람마다 어느 정도 다를 수 있지만 모든 사람이 나름의 기준을 갖는다. 특별히 다른 사람을 향한 기준을 가지고 있다. 자신이 잘못되었다고 생각하지 않는데 잘못되었다고 비난을 받을 때 보다 사람을 더 분개하게 하는 일은 없다. 그것은 치명적인 상처를 안기는 것이다. 다른 사람의 눈에 옳지 않게 비치는 것에 왜 신경을 쓰게 되는가? "내가 잘못되었다고 해도 나는 개의치 않으며 그것은 내게 아무런 의미도 갖지 않소"라고 기꺼이 말하지 않는가? 도덕적 타락의 마지막 단계까지 이르지 않고서야 그런 태도는 취할 수도 없고 취하지도 않을 것이다. 사람은 자신을 정당화하기를 원하며 자신을 위한 도덕적 알리바이를 만들려고 한다. 아니면 어느 정도의 정상참작을 해주기를 청원할 것이다. 가장 타락한 매춘부라도 그런 합리화와 변명을 준비하지 않고서는 살 수 없다. 즉, 자신이 하는 일이 세상에서 가장 역사가 긴 직업이라 말하게 될 뿐이다.

그런데 이와 같은 반응을 하는 이유는 무엇인가? 대답은 잠언에 있다.

> 사람의 행위가 "자기 보기에는" 모두 정직하여도(잠 21:2).

인간의 기본적인 태도가 이러하며 이 지점에서 하나님은 인간과의 관계를 시작하신다. 하나님의 말씀은 인간에게 그들이 죄인이라 이야기하시며 잘못된 문제를 구체적으로 보여주신다. 인간은 자기가 보기에는 옳아 보인다. 그런 이유 때문에 사람들은 바리새인들과 똑같이 "그들 자신을 위한 하나님의 뜻을 저버린다"(눅 7:30). 그래서 즉시로 하나님과의 잘못된 관계 속에 있게 된다. 그는 실제적으로 하나님을 거짓말쟁이로 만들고 있기 때문이다.

> 만일 우리가 범죄하지 아니하였다 하면 하나님을 거짓말하는 이로 만드는 것이니 또한 그의 말씀이 우리 속에 있지 아니하니라(요일 1:10).

하나님이 말씀하시는 대로 자신이 죄인임을 인정할 생각이 없기 때문에 하나님과의 관계는 지금 적대적인 상태에 있다. 자기 정당화의 반응은 완전히 자동적이다. 자신이 잘못되었다고 단순히 암시만 해도 하나님 앞에서든 사람들 앞에서든 자신의 옳음을 주장할 것이다.

사람이 회개해야 할 부분이 바로 이 부분이다. 또한 그러한 모습은 하나님이 강하게, 때로는 아주 강하게 마음을 바꾸도록 밀어 붙이시는 지점이기도 하다. 하나님은 천사가 야곱과 그랬던 것처럼 사람과 씨름할 것이다. 때로는 필요에 따라 동이 틀 때까지, 진실함으로 "오 하나님, 주님이 옳으시고 제가 틀렸습니다"라고 말할 때까지 그리하실 것이다. 이 말을 하는 것이 인간에게는 절대적으로 중요하다. 우리는 이것을 깨어짐이라고 말한다. 반드시 눈물과 감정의 문제인 것은 아니지만 그야말로 의지의 문제로서 죄인의 자리에서 우리가 잘못되었다고 기꺼이 고백하는 것이다. 얼마나 놀라운 마음의 변화인가? 우리의 삶에 있어서 가장 깊은 것, 우리 자신의 의에 대한 생각의 변화이다. 죄인의 자리를 취하기 위해 우리의 의를 내어 버리는 것이다. 예수님이 내가 있었던 바로 그 자리를 취하신 것은 "오히려 자기를 비우신"(빌 2:7) 일이다. 나 자신도 그렇게 비워지게 된다 해도 놀랄 일은 아니다.

하지만 회개하면서 나를 비우게 될 때 새로운 방식으로 그리스도를 얻게 된다. 바울도 자신이 그렇게 그리스도를 얻게 된 것을 발견했고 당신도 그러할 것이다. 바울은 이렇게 말했다.

> 또한 모든 것을 해로 여김은 내 주 그리스도 예수를 아는 지식이 가장 고상하기 때문이라(빌 3:8).

고상한 것은 뛰어난 것이다. 바울이 예수님 안에서 발견한 것은 잃어버린 자신의 의보다 훨씬 뛰어난 것이었다.

바로 그것이 다름 아닌 회개이다. 그리고 이런 방식으로 다윗의 고백 시편에 나오는 말씀이 성취되고 있다.

> 주께서 말씀하실 때에 의로우시다 하고 주께서 심판하실 때에 순전하시다 하리이다(시 51:4).

다윗의 죄와 우리의 죄가 증명하는 것은 하나님이 우리에 대해 하신 모든 말씀이 옳다는 것이다. 우리가 회개하고 고백함으로 인해 하나님의 옳으심이 드러난다. 옛적에 레위인은 이처럼 기도했다.

> 우리는 악을 행하였사오나 주께서는 진실하게 행하셨음이니이다(느 9:33).

내 백성이 스스로 낮추게 되면

분명히 회개는 매우 겸손한 것일 수 있다. 이 때문에 구약은 하나님에 대한 죄인의 반응을 나타내기 위해 다른 표현을 사용한다. 그것은 "회개"보다 훨씬 더 충만한 의미를 가지는 말로서 "스스로 낮추다"라는 구절이다. "회개"가 신약의 단어라면 "스스로 낮추다"는 구약에서 더 많이 사용되는 말이다. 구약에서 "회개"라는 말이 사람에 대해 사용되기는 하지만 일부에서만 나타난다. 하지만 "스스로 낮추다"는 삼십 차례 이상 아주 적절하게 사용되고 있다. 참된 회개는 사람이 "하나님, 주님이 옳으시고 저는 틀렸습니다"라고 말하는 것을 의미한다면 하나님 앞에서 그와 같은 자세를 취하는 것은 진실로 자신을 낮추는 경험이 된다. 삼십 차례 나타나는 구절을 살펴보는 것은 매우 감동적인 연구가 될 것이다. 성경에 있는 참조목록에서 그 구절들을 살펴볼 수 있을 것이다. 그런 깊이 있는 메시지를 맛보도록 몇 가지 예를 보이고자 한다. 비교하자면 신약의 "회개"라는 단어는 꼼꼼하며 정확한 것이지만 여전히 차갑고 신학적인 색깔을 가진다.

아합이 내 앞에서 겸비함을 네가 보느냐(왕상 21:29).

내가 이 곳과 그 주민에게 대하여…한 말을 네가 듣고 마음이 부드러워져서 여호와 앞 곧 내 앞에서 겸비하여 옷을 찢고 통곡하였으므로 나도 네 말을 들었노라 여호와가 말하였느니라(왕하 22:19).

히스기야가 마음의 교만함을 뉘우치고(대하 32:26).

그가 환난을 당하여 그의 하나님 여호와께 간구하고 그의 조상들의 하나님 앞에 크게 겸손하여(대하 33:12).

선지자 예레미야가 여호와의 말씀으로 일러도 그 앞에서 겸손하지 아니하였으며(대하 36:12).

신약은 "회개"라는 충분한 단어가 있지만 그럼에도 불구하고 동일한 생각을 표현하기 위해 "자신을 낮추다"라는 구절을 가져다 쓰고 있는데 그 효과는 매우 크다.

누구든지 자기를 높이는 자는 낮아지고 누구든지 자기를 낮추는 자는 높아지리라(마 23:12).

무릇 자기를 높이는 자는 낮아지고 자기를 낮추는 자는 높아지리라(눅 14:11).

> 그러므로 하나님의 능하신 손 아래에서 겸손하라 때가
> 되면 너희를 높이시리라(벧전 5:6).

무엇보다 신약에서 다음 구절은 예수님 자신에게 적용되고 있다.

> 사람의 모양으로 나타나사 자기를 낮추시고 죽기까지 복
> 종하셨으니 곧 십자가에 죽으심이라(빌 2:8).

모두 같은 의미를 가진 구절이다. 예수님은 죄인이 아니었을 때조차 십자가에서 죄인의 자리를 취하면서 분명 자신을 낮추셨다.

회개라는 가계도

우리가 그리고 있는 그림은 아직 완성되지 않았다. 우리가 설명했던 것처럼 회개는 변화된 태도이다. 하지만 태도 그 자체는 말과 행위로 표현되지 않으면 들을 수도 볼 수도 없다. 나는 회개가 두 자녀를 갖는다고 말하고 싶다. 첫 번째 자녀는 말을 통한 회개, 즉 고백이다. 마음을 바꾸고 자신이 잘못되었다는 것을

기꺼이 인정할 준비가 되어있다면 하나님께 그 죄를 고백해야 한다. 고백은 절대적으로 필수적이다. 하나님이 분명히 회개를 말로 표현하라고 요구하시기 때문이다. 독자들은 "정말 그렇게 해야 합니까? 하나님은 이미 나의 마음을 다 아시잖아요"라고 말할 것이다. 이에 대한 주님의 대답은 성경의 한 본문에 자명하게 나와 있다.

> 너는 말씀을 가지고 여호와께로 돌아와서(호 14:2).

이유는 알 수 없지만 하나님은 그렇게 하도록 요구하신다. 아마 하나님은 여러분이 자신의 죄를 말로 고백하는 것을 들을 때 어떤 일이 일어나리라는 것을 아실 것이다. 그렇다면 어떻게 기도해야 할지 생각하지 말라. 혼자 있을 때라도 자신의 죄를 말하라. 나도 종종 그렇게 한다. 때로는 그것이 우리가 타인에게 사과해야 할 거리가 남았다는 사실도 분명하게 해 줄것이다. 하지만 그러한 나눔을 얼마나 해야 할지에 대해 스스로 만든 규칙에 얽매이지 않도록 주의하라.

두 번째 자녀는 행위를 통한 회개, 즉 보상이다. 한 번은 대화의 주제로서 "죄인이 용서받았는데도 범법행위를 계속할 수 있는가?"라는 질문이 나오는 것을 본적이 있다. 이 질문에 대한 답은 "아니오"이다. 삭개오는 타락한 세리였는데 예수님을 집으로 영접했을 때 자신의 잘못된 행동을 용서받았다. 그 결과, 기쁜 마음으로 그는 자신이 속여 취했던 사람들에게 보상을 했다. 실제로 그는 불법적으로 취했던 것의 네 배를 돌려주었다. 여러분은 이를 멋진 회개라 명명할 수도 있다. 분명 그것은 삭개오의 의뢰인들이 반대하지 않을 그런 구원이었다. 여기에서 여러분은 보상이라는 까다로운 문제를 해결하기 위해 하나님의 인도와 지혜로운 그리스도인 친구들의 조언을 필요로 할 것이다. 고백이 말로 하는 회개라면 보상은 행동으로 하는 회개이다. 아마 회개는 신약에서 말하는 "회개에 합당한 열매"(눅 3:8)라는 다른 자녀가 있을 수도 있지만 지금 그것들을 열거하기는 그리 쉽지 않다.

하지만 이 부분은 분명히 해두어야 한다. 이것들은 회개의 자녀일 뿐 회개 자체가 아니다. 여러분은 분명히 회개하지 않은 것을 고백할 수는 없다. 보상도 마찬가지다. 무엇보다도 하나님 앞에서 당신이 잘못한 사람이며 정상참작을 요청할 수도 없고 "자기 보기에도" 더 이상 깨끗하지 않음을 분명하게 회개해야 한다. 그리고 더 중요한 것은 그리스도의 은혜와 피를 통해 받은 용서를 자신의 삶으로 가지고 와야 하는 것이다. 그때 고백과 더불어 필요하다면 보상이 따라오게 된다. 하지만 이들은 회개의 결과, 즉 자녀로서 나타는 것이다.

부정과 긍정

가장 큰 도움이 되는 것을 나누고 싶다. 그것은 부정적인 것에 대해 회개함으로써 긍정적인 것으로 진입한다는 개념이다. 그리스도인의 삶에서 특별한 자질이 부족하다는 것을 깨닫는다면 성경말씀대로 그것을 공급해 주시도록 하나님께 기도해야 하는 것은 자명한 일이다.

> 너희 중에 누구든지 지혜가 부족하거든 모든 사람에게 후히 주시고 꾸짖지 아니하시는 하나님께 구하라 그리하면 주시리라(약 1:5).

이 말씀이 항상 이해가 되는 것은 아니다. 하나님께 무언가를 구하는 것은 내가 그것을 갖고 있지 않다는 것을 암시한다. 그렇다면 구해야 할 주요한 것은 내가 그것을(무엇이든) 갖고 있지 않다는 것을 고백하는 것이며 아주 간절하게 편안한 마음으로 구해야 한다는 것을 깨닫게 된다. 이렇게 나는 하나님께 나의 부족함을 이야기하게 되는 데 이것이 정확히 하나님이 원하시는 바다. 부족함을 고백하는 것은 충만함으로 가는 영원한 길이기 때문이다. 이렇게 나는 부족한 자로 있을 때에만 은혜를 받을 준비가 된다. 다른 말로 하면 부정적인 것을 고백함으로써 긍정적인 것으로 들어가는 것이다. 나는 이것을 뒷문, 즉 거지가 이용하는 문으로 들어가는 것이라 말하고 싶다. 분명히 말하지만 은혜는 내가 거지로 들어갈 때 항상 나를 환영하며 내가 갖지 못했다고 고백한 것을 기쁨으로 제공한다. 개인적 증거로서 나누는 이야기이다.

모든 사안에 대해서도 동일하다. 대하기 힘든 사람을 사랑할 수 없다면 사랑을 단순히 구하지 말고 사랑이 없는 것(혹은 미움)을 회개하라. 그러면 미움을 용서받을 뿐 아니라 하나님의 사랑까지도 얻게 된다. 하나님은 당신에게서 원하시지만 당신에게는 없다고 고백한 것을 주시기를 기뻐하신다. 용기가 부족하다면 먼저 용기를 구하지 말고 더 깊이 내려가서 두려움에 대해 회개하라. 그러면 두려워하던 죄를 용서받고 용기, 하나님의 용기를 얻게 될 것이다. 마음의 평안이 부족하다면 평안을 간구하지만 말고 걱정과 불신에 대해서 회개하고 그 안에 있는 죄성을 보라. 용서와 함께 평안이 주어질 것이다. 성령의 충만함이 부족하다면 주님께 그 부족함에 대해 고백하라. 내가 종종하는 것처럼 솔직하게 고백하라. "주님, 이 시간 제게 한 가지 분명한 것이 있습니다. 저는 성령으로 충만하지 않습니다. 그럼에도 불구하고 이따금씩 설교해야 합니다." 충만함을 구하지 말고 부족함을 고백하라. 더 없이 확실한 은혜를 통해 여러분은 충만해지고 기름부음을 받게 될 것이다.

부족함을 고백하는 것이 충만함으로 이어지는 길이다. 성령은 여러분의 신실함에 대한 보상이 아니라 약한 자를 위한 하나님의 선물이다. 분명 여러분은 넘치는 충만함을 얻게 될 것이다. 이렇게 부정적인 것을 고백함으로써 긍정적인 축복으로 들어가는 것이다. 다시 말해 예수의 피로 들어가는 것을 의미한다. 은혜의 하나님께 담대함을 가지고 새롭게 나아가는 것은 예수의 피를 믿는 믿음으로만 가능하다.

회개의 중요성으로 돌아가기

이번 장을 마무리하면서 나는 회개의 중요성이라는 주제로 돌아가 성도는 다시는 회개하지 않거나 회개하라는 말을 듣지 않게 되는 것인지 아니면 잃어버린 자는 회개하지 않는 것인지를 말하고 싶다.

솔직히 말하면 심판, 즉 자신에 대한 심판은 하나님의 전에서 시작되어야 한다. 심판이 우리 안에서 시작된다면 경건하지 않은 자와 죄인은 어디에 서겠는가? 진실로 어디에 설 수 있겠는가? 그들이 심판이 일어나는 것을 듣고 보게 된다면 놀라게 될 것이고 모든 변명은 무용지물이 될 것이다. 결국 희망컨대 회개하는 가운데 예수의 십자가 아래에 있는 형제들과 함께하기를 바라게 된다.

> 하나님의 집에서 심판을 시작할 때가 되었나니 만일 우리에게 먼저 하면 하나님의 복음을 순종하지 아니하는 자들의 그 마지막은 어떠하며(벧전 4:17).

어느 친한 형제가 한 번은 이렇게 말하는 것을 들은 적이 있다. "부흥이 없는 곳에서는 모든 사람이 의롭다. 하지만 부흥이 와서, 다시 말해 예수님께서 오시게 될 때는 모든 사람이 죄인이다." 가장 선하다고 여겨지는 사람도 죄인이다. 사실 나는 죄에 대한 확신과 회개의 고백 정도에 따라 부흥이 한창일 때 하나님의 임재의 정도를 판단할 수 있다고 생각한다.

동 아프리카에 하나님이 허락하신 부흥이 진행되는 동안 우간다에서 어느 아프리카의 추장이 영광스러운 구원을 얻게 되었다. 그는 영국 당국이 공무원으로서 정부 업무를 할 수 있도록 준비시키고 있던 아프리카 사람 중의 하나였다(당시 우간다는 여전히 영국의 보호국이었다). 그는 특별한 연구과정에 참여하도록 영국으로 보내졌다. 내가 몸담고 있었던 노스 웨일즈에 있는 애버길의 컨퍼런스에 참석하던 그를 만났던 때가 바로 그 부흥의 기간이었다. 그는 머리카락이 막 희어지기 시작한 중년의 남자로서 인상적이며 체격이 좋은 사람이었다. 주님에 대한 기쁨으로 충만한 막 태어난 그리스도인이었다. 강사 중의 한 사람이 그와 대화했고 그 사람에게 최근의 변화가 어떠했냐고 질문했다. 런던에서 몇 주를 이미 보낸 것을 알게 되자 그에게 마틴 로이드 존스의 설교를 들은 적이 있냐고 물었다. 당시에 로이드 존스의 영향력은 최고에 달했고 대서양 양쪽의 많은 사람들의 사랑을 받았다.

그는 대답했다. "아니오, 아직 듣지 못했습니다."

내 친구가 말했다. "그렇다면 들어보도록 하십시오. 로이드 존스는 영어권에서 가장 위대한 설교자 중의 한 분입니다." 그리고 그가 얼마나 뛰어난 분인가를 상세히 설명하기 시작했다.

그 아프리카 추장은 인내심을 가지고 들었지만 그 중 상당부분은 이해하지 못했다. 그는 갓 구원받은 사람이어서 누가 누구인지를 거의 알지 못했다. 결국 내 친구의 숨이 턱까지 차올랐을 때 아프리카 추장은 단 한 가지 질문만을 했다. "그 사람은 회개했습니까?"

그에게는 두 종류의 그리스도인, 즉 무심한 그리스도인과 회개한 그리스도인이 있었다. 그는 막 회개한 그리스도인이 되었던 것이다. 나는 로이드존스 박사를 어느 누구보다 개인적으로 잘 알고 있었고 감사의 마음을 갖고 있었으며 부흥을 위한 견인차 역할을 얼마나 했는지 알고 있었다. 하지만 저명한 설교자, 신도석에 있는 자, 누구에게나 묻길 원하는 놀라운 질문이 있다.

그것은 "회개했는가?"라는 것이다. 이것이 전부를 말해주며 모든 차이를 없애 버린다. 이것은 하나님이 우리 각자에 대해 가지시는 한 가지 관심이며 우리의 손이 닿는 한 가지이다. "그는 회개했는가?" 당신이 알고 있는 죄부터 먼저 회개하라. 당신이 회개하지 않는 사람이라는 것이 사실이라면 하나님께 그 사실을 고백하라. 하나님께 가장 큰 부정적인 것을 가지고 나아오라. 그러면 회개를 시작한 것이다. 주님과의 새로운 관계로 들어와서 걷게 된 것이다 이제는 상황이 요구하는 대로 이미 시작한 걸음을 계속 걷기만 하면 된다.

내게 깊은 감동을 주었던 존 웨슬리에 대한 책에서 그가 설교했던 메시지를 매우 적절하고도 아름답게 요약한 것을 발견했다. 그는 영국 전역에 있던 많은 사람들이 하나님 나라로 들어왔던 18세기 부흥의 중심에 있었고 하나님이 크게 사용하신 도구였다. 동시대 사람들이 그의 사역을 이렇게 표현했다. "그의 주제는 늘 공로가 아닌 믿음에 의한 구원이었습니다. 회개가 선행하고 거룩이 그 뒤를 이었습니다."

거기에 "의식적인 회개는 무의식적인 거룩으로 이어진다"는 오스왈드 챔버스의 말을 덧붙일 수 있다. 나는 "의식적인 회개"라는 개념이 그다지 좋아하지 않는다. 하지만 "무의식적인 거룩"은 다르다! 의식적인 회개란 언제나 무의식적 거룩으로 나아간다.

이상적으로는 그리스도인의 삶은 회개로 시작되고 믿음으로 지속되어야 한다. 하지만 실제로는 믿음으로 시작해서 회개로 이어지는 것이 현실이다. 그 방법은 예수님과 함께 하는 것이다.

이제는 주님 품으로 떠난 절친했던 친구는 다음과 같이 끝을 맺는 편지를 쓰곤 했다. "회개하며 기뻐하고 있는 친구가." 회개는 늘 기쁨으로 이어진다.

제10장 구속된 자들을 위한 영화

¹그러므로 우리가 믿음으로 의롭다 하심을 받았으니 우리 주 예수 그리스도로 말미암아 하나님과 화평을 누리자 ²또한 그로 말미암아 우리가 믿음으로 서 있는 이 은혜에 들어감을 얻었으며 하나님의 영광을 바라고 즐거워하느니라(롬 5:1-2).

³⁰또 미리 정하신 그들을 또한 부르시고 부르신 그들을 또한 의롭다 하시고 의롭다 하신 그들을 또한 영화롭게 하셨느니라(롬 8:30).

¹⁷자녀이면 또한 상속자 곧 하나님의 상속자요 그리스도와 함께 한 상속자니 우리가 그와 함께 영광을 받기 위하여 고난도 함께 받아야 할 것이니라 ¹⁸생각하건대 현재의 고난은 장차 우리에게 나타날 영광과 비교할 수 없도다(롬 8:17-18).

¹⁴우리가 예수께서 죽으셨다가 다시 살아나심을 믿을진대 이와 같이 예수 안에서 자는 자들도 하나님이 그와 함께 데리고 오시리라 ¹⁵우리가 주의 말씀으로 너희에게 이것을 말하노니 주께서 강림하실 때까지 우리 살아남아 있는 자도 자는 자보다 결코 앞서지 못하리라 ¹⁶주께서 호령과 천사장의 소리와 하나님의 나팔 소리로 친히

하늘로부터 강림하시리니 그리스도 안에서 죽은 자들이 먼저 일어나고 ^{17}그 후에 우리 살아남은 자들도 그들과 함께 구름 속으로 끌어 올려 공중에서 주를 영접하게 하시리니 그리하여 우리가 항상 주와 함께 있으리라(살전 4:14-17).

이제 그동안 생각해 왔던 복음의 위대한 말씀 중 마지막 부분을 다루고자 한다. 말씀은 영광스러운 것이며 그 주제는 구속된 자들을 영화롭게 하는 것이다.

신약에서 천국은 항상 "천국"으로 불리지는 않는다. 바울은 자신의 글에서 천국을 "영광"이라고 부른다. 이는 로마서 5장 도입부에서 믿음으로 의롭다하심을 받은 자로서 하나님과 화평케 되었을 뿐 아니라 "하나님의 영광을 바라고 즐거워"(롬 5:2) 하게 되었다고 말했을 때와 같다. 그렇다면 "영광"은 바울의 특징적인 단어처럼 보인다. 과거에는 그리스도인이 주님의 품으로 떠나게 되었을 때 영화롭게 되었다고 말을 한다. 얼마나 놀라운 단어인가? 신약에서 "영광"이라 부르는 것을 누리게 되었을 때 그 신자는 영화롭게 되었던 것이다.

이제 "영광"이라는 단어를 어떻게 정의할 것인가? 그것은 분명 아름다운 단어로서 찬란하게 반짝이며 빛나는 말로 들린다. 영광의 경험이 그와 같기 때문에 그렇게 부르는 것이다. 나는 이 단어를 한 마디로 정의하겠다. 그것은 찬란함이다. 예수님이 우리의 처소를 준비하기 위해 떠나신 그곳에는 모든 것이 찬란함으로 가득 차 있다. 찬란함이 "영광"이라는 단어에 가장 근접한 동일 가치를 가지는 단어라고 생각한다. 영광이 찬란함으로 불릴 수 있다면 영화롭게 되는 것은 웅장하게 되는 것을 의미할 것이다. 여러분의 친구들이 그 날에 당신을 보면 그 찬란함에 대해 이야기 할 것이다.

영광은 믿음으로 의롭다하심을 받은 직접적인 결과이다.

> 그러므로 우리가 믿음으로 의롭다 하심을 받았으니 우리 주 예수 그리스도로 말미암아 하나님과 화평을 누리자… 하나님의 영광을 바라고 즐거워하느니라(롬 5:1-2).

결과로 나타나는 두 가지가 있다. 첫째는 하나님과 화평을 누린다는 것이다. 하나님과 직접 대면할 수 있고 조금의 수치도 없이 하나님 앞에 설 수 있다. 의롭게 하시는 이가 하나님이시라면 누가 선택받은 자를 정죄할 수 있겠는가? 둘째는 "하나님의 영광을 바라고 즐거워"하게 되는 것이다. 보잘 것 없는 죄인이라도 예수의 십자가에 나아와 자신의 죄를 회개하고 하나님과의 관계가 바르게 되면 하나님과 화평을 누릴 뿐 아니라 영광의 길로 걸어가고 있다는 긍정적인 확신을 얻게 된다. 그것에 대하여 의심의 그림자조차 있을 필요가 없다. 성경은 "하나님의 영광을 바라고 즐거워하느니라"고 말하고 있다. 마치 "바라고"라는 단어가 의심의 요소를 가지는 것처럼 보인다. 의심으로 시작하는 사람은 종종 그들이 구원받기를 바란다고 종종 이야기하는데 그렇게 확신하지는 못한다는 것을 암시한다. 그저 바라는 것뿐이다. 하지만 "바라고"라고 번역된 헬라어 단어는 어조가 매우 강한 것으로 확신에 찬 기대를 의미한다.

신뢰로 가득 찬 확신 속에서 우리의 기쁨을 표현할 필요가 있다. "영광의 땅"으로 가는 도중에 있는 신자의 확신을 기념하는 여러 찬송이 있는 것이 얼마나 감사한 일인가? 우리는 이런 사실을 노래하며 생각할 필요가 있다. 그곳에 도달하기 전에 영광의 빛이 우리 얼굴을 만지도록 해야 한다. 미래에 대한 그토록 밝고 확실한 기대는 현재 우리가 경험하는 은혜에 아주 중대한 영향을 미친다. 여러분이 거기에 도달하는 것에 대해 약간의 의심이 있다고 해도 하나님은 그것을 전혀 의심하지 않는다. 실제로 하나님은 여러분이 끝까지 달음질 하리라는 것을 너무도 확신하셔서 여러분이 이미 그곳에 있는 것으로 간주하신다. 이 위대한 말씀을 들어보라. "의롭다 하신 그들을 또한 영화롭게 하셨느니라"(롬 8:30).

독자들은 이렇게 말할 것이다. "기다려 보세요. 저는 실제 그 단계에 이르지는 못했어요. 어떤 경우든 제가 끝까지 견디리라는 것을 어떻게 알 수 있나요?"

우리는 대답한다. "하나님이 아실 것입니다. 실제로 하나님이 보증하십니다. 하나님이 은혜 가운데서 보호하실 것이기 때문에 당신은 거룩함으로 견딜 것입니다. 그 이유는 어떤 경우든 영광 가운데 당신이 차지할 자리는 당신이 인내하는 것이 아닌 대제사장이신 예수의 임재와 당신을 위해 흘리신 그분의 피에 전적으로 달려있기 때문입니다." 옛 찬송은 이렇게 노래한다.

> 하늘에 주님이 서 계시는 한
> 어떤 말도 나를 떠나게 할 수 없다는 것을 저는 압니다

나는 바울이 자신이 쓴 서신을 읽을 사람들이 확신을 갖게할 필요가 있다고 느꼈던 이유를 알 것 같다. 나는 그들 중에는 "하나님의 진노가 불의로 진리를 막는 사람들의 모든 경건하지 않음과 불의에 대하여 하늘로부터 나타나나니"(롬 1:18)라는 말씀으로 인해 온 세상을 심판하는 날이 다가온다는 것과 커다란 흰 보좌가 세워져서 작던 크던 죽은 자들이 하나님 앞에 서게 될 때 모든 이들의 생명책이 열려 자신이 행한 일에 따라 심판받게 되리라는 것을(계 20:12) 깨달은 사람이 있었으리라 본다. 어떤 사람들은 그 소식으로 인해 떨었을 것이다. 그들은 자신들이 어디에 서있는지 궁금해 하기 시작했다. 심판의 날에 그들은 어떻게 될 것인가?

그래서 바울은 그들에게 이렇게 전하고 있다.

> 우리가 아직 죄인 되었을 때에 그리스도께서 우리를 위

하여 죽으심으로 하나님께서 우리에 대한 자기의 사랑을 확증하셨느니라… 곧 우리가 원수 되었을 때에 그의 아들의 죽으심으로 말미암아 하나님과 화목하게 되었은즉 화목하게 된 자로서는 더욱 그의 살아나심으로 말미암아 구원을 받을 것이니라(롬 5:8, 10).

따라서 우리가 원수 되었을 때에 그의 아들의 죽으심으로 말미암아 하나님과 화목하게 되었은즉 화목하게 된 자로서는 더욱 그의 살아나심으로 말미암아 구원을 받게 될 것이다(롬 5:10). 십자가로 피하고 예수의 피로 의롭게 되었다는 위대한 칙령을 믿는 죄인은 영화롭게 될 것이다. 심판의 날은 당신을 위한 날이 아니며 거기에 있지 않을 것이다. 세상은 심판대 앞에 있겠지만 하나님이 미리 정하시고 부르시고 의롭다고 하신 부활한 사람들의 놀라운 모임은 그렇지 않다.

영광은 부정적이지 않다

고린도전서의 한 구절이 이 상황에 딱 들어맞는 말이다.

> 우리가 지금은 거울로 보는 것 같이 희미하나 그때에는

> 얼굴과 얼굴을 대하여 볼 것이요 지금은 내가 부분적으로 아나 그때에는 주께서 나를 아신 것 같이 내가 온전히 알리라(고전 13:12).

자동차를 운전하는 사람들은 거울을 통해 보는 것과 직접 대면하는 것과의 차이를 다들 알고 있다. 자동차 거울이 있다는 것이 얼마나 기쁜가? 그것이 없이는 주위를 살펴 볼 수가 없다. 그것은 꽤나 훌륭한 도구이며 자신의 뒤에 어떤 상황이 진행되는지 알 수 있게 해준다. 하지만 차가 당신 쪽으로 다가오고 있다면 직접 대면하여 보는 것이 훨씬 좋을 것이다.

거울에는 여러 종류가 있다. 어떤 것은 가격이 저렴할 수도 있지만 왜곡된 시각을 제공한다. 하지만 좋은 거울도 있어서 넓은 시각과 먼 후방 쪽의 교통상황을 보게 해준다. 한편 다른 거울들은 교통상황을 더욱 가깝게 보게 해준다.

이 구절에 따르면 우리는 예수님을 지금 거울로 보는 것이다. 직접 보는 것이 아니다. 예수님을 보게 해주는 거울로 인해 감사하라. 그것은 성령의 기름부음으로 성경을 대면하는 것이다. 성경을 읽든 설교된 내용으로 듣든 말이다. 동시에 거울은 어느 정도 우리의 이해와 관련이 있다. 다시 말해 다른 종류의 거울이 있는 것이다. 그래서 나는 감사하다. 예수님을 증거할 때 사람들은 예수님에 대한 다양한 시각을 제공한다. 어떤 이는 좁지만 매우 자세하게 이야기를 한다. 그럴 수밖에 없다. 주 예수 그리스도와 은혜의 방식을 이해하려면 수많은 다른 거울들이 필요할 것이다. 물론 우리 자신이라는 거울이 왜곡되어 있을 수 있다. 성경은 결코 왜곡되어 있지 않지만 우리는 여러가지 이유로 왜곡된 이해를 한다.

하지만 거울을 통해 주님을 더 이상 보지 않게 될 그 날이 오고 있다. 주님을 직접 대면하여 볼 것이다. 그것은 전례 없던 영광의 경험이 될 것이다.

슬픈 경험을 많이 했던 한 젊은 여자가 있었다. 남편과 사별하고 이어서 아이를 잃었으며 그 후에는 자신이 죽음의 병에 걸려 눕게 되었다. 그녀는 주님을 사랑한 참된 신자였다. 그녀의 병간호를 했던 어떤 사람이 말했다. "오래지 않아 남편과 아이를 다시 보게 될꺼에요."

그때 그녀가 어떻게 말했는지 아는가?

"예수님을 가장 먼저 보고 싶어요."

영광 가운데 다른 사람들을 만나는 것은 매우 기쁜 일이라고 믿는다. 우리는 사랑했던 사람들을 다시 만나게 될 것이다. 얼마나 기쁜 재회가 될 것인가? 하지만 그래도 예수님이 먼저이다.

당신은 영광 속에서 누구보다 남편을 보기를 고대하는가? 그것은 엄청난 대가를 치루고 당신을 영광으로 이끌어 오신 분에 대한 합당한 예우가 아니다. 사랑하는 독자들이여, 나는 그 날에 다른 모든 것이 사라질 것이라고 믿는다. 당신이 보기 원하는 사람은 먼저는 예수님이 될 것이다. 당신의 남편도 그렇게 생각할 것이다. 분명히 남편과 다시 만나는 일이 있겠지만 그것에 너무 큰 중요성을 부여해서는 안 된다. 성경에서는 그것을 실제로 강조하지 않는다.

> 지금은 내가 부분적으로 아나 그때에는 주께서 나를 아신 것 같이 내가 온전히 알리라(고전 13:12).

예수님은 죄 가운데 있던 나를 계속 알고 계셨고 그것도 완전하게 아셨다. 나는 그분의 은혜 안에서 주님을 알고 있었지만 그것은 부분적으로 안 것이었다. 완전한 앎이 아니었다. 하지만 그 날이 오면 그분이 죄 중에 있던 나를 아셨던 것처럼 완전하게 그분을 은혜 가운데서 알게 될 것이다. 주님은 죄 중에 있던 나를 아셨고 종종 내게 자비를 베푸셨다. 그 은혜를 매우 희미하게 맛보아 왔지만 이 불쌍하고 늙은 죄인을 주님이 아신 것처럼 어느 날 완전하게 깨닫게 되고 이전에 알던 수준을 넘어서 사랑과 은혜의 충만함을 경험하게 될 것이다.

변화된 몸

영광에 대한 또 다른 내용은 우리가 죽음으로부터 영광스런 부활을 경험하고 변화된 몸을 얻게 된다는 것이다. 그렇다. 영광은 우리 몸에 영향을 줄 것이다. 그것을 믿을 수 있겠는가? 분명하고도 강하게 말해야만 한다. 천국은 육체가 없는 영혼, 유령으로 가득 찬 곳이 아니다. 우리는 아름다운 몸을 갖게 될 것이다. 바울 서신 중 하나에 나타나는 구절을 살펴보라.

> 그러나 우리의 시민권은 하늘에 있는지라 거기로부터 구원하는 자 곧 주 예수 그리스도를 기다리노니 그는 만물을 자기에게 복종하게 하실 수 있는 자의 역사로 우리의 낮은 몸을 자기 영광의 몸의 형체와 같이 변하게 하시리라(빌 3:20-21).

그렇다. 이곳의 시간들은 낮아짐의 시간들이며 낮은 몸으로 살아가는 나날들이다. 류마티스 때문에 도움이 없이는 의자에서 일어날 수 없어서 다른 사람에게 그만큼 의존해야 하는 것은 정말로 굴욕적인 일이다. 하지만 주님이 오시면 우리의 낮은 몸을 변화시켜 주시고 주님이 부활하실 때에 입으셨던 영광의 몸과 같이 될 것이다.

지금 이 말을 너무 문자적인 것으로 생각하고 거부하지 마시기를 부탁한다. 새로운 몸을 가질 것이기 때문에 감사할 수 있지 않겠는가? 그 몸은 동일한 종류의 몸이 아닐 것이다.

> 육의 몸이 있은즉 또 영의 몸도 있느니라(고전 15:44).

여러분의 몸은 영의 몸이 될 것이다. 그렇지만 동시에 실제적인 몸을 갖게 될 것이다. 예수님은 몸으로 부활하시고 말씀하셨다.

> 또 나를 만져 보라 영은 살과 뼈가 없으되 너희 보는 바와
> 같이 나는 있느니라(눅 24:39).

하지만 세월과 병과 걱정의 모든 흔적은 우리가 가지게 될 몸으로부터 사라져 있을 것이다. 독자들은 이전보다 더 좋은 모습을 가지게 될 것임을 확신하기를 바란다. 하나님의 성도들은 슬픔, 질병, 혹은 죽음을 경험하지 않는 부활의 몸과 함께 영생을 소유하게 될 것이다. 나는 하나님이 왜 천국에서 영혼으로 있는 것에 만족하시지 않는지 알지 못한다. 하지만 주님은 분명하게 말씀하셨다. "아니다, 나는 너에게 선물을 줄 것이다. 너는 아름다운 몸을 갖게 될 것이다."

충만한 보상

우리는 영광 가운데 모든 눈물, 근심, 아픔, 고통, 우리에게 행해진 불의를 뛰어 넘는 보상을 경험하게 될 것이다. 로마서의 놀라운 구절을 보라.

> 생각하건대 현재의 고난은 장차 우리에게 나타날 영광과 비교할 수 없도다(롬 8:18).

디모데후서에서도 말씀한다.

> 참으면 또한 함께 왕 노릇 할 것이요(딤후 2:12).

바울은 자주 어려운 상황 가운데 처했었다. 그는 그리 강한 사람이 아니었다. 한 번은 깊은 슬픔 가운데 밤과 낮을 보내야 했는데 이 상황은 류마티즘에 도움이 되지 않았다. 그리고 누구보다 더 많은 시간을 로마의 감옥에서 보냈지만 그에게 나타날 영광과 비교하면 현재 겪는 고난은 아무것도 아니라고 계속 생각할 뿐이었다. 바울은 늘 영광에 눈을 고정시켰고 자신의 얼굴에는 그 영광의 광채를 지니고 있었다.

당신을 위한 놀라운 보상이 기다리고 있다. 당신을 영광과 기대 속에서 불평할 이유를 찾지 못할 것이다.

하나님의 아들들이 나타남

바울은 다음의 말씀을 통해 우리 가운데 드러날 영광에 대해 "피조물이 고대하는 바는 하나님의 아들들이 나타나는 것이니"(롬 8:19)라고 말한다. 로마서는 가련한 옛 세상이 허무한데 굴복하고 있다고 말하고 있다. 이상한 표현이지만 우리가 원하는 과실보다는 잡초가 훨씬 더 쉽게 자란다는 것을 의미한다. 우리는 모든 종류의 가뭄과 기근의 저주를 받고 있다. 의심할 바 없이 이 지구는 여러 가지 다른 방식으로 인간의 타락에 영향을 받고 있다. 하지만 피조물은 기다리고 있다. 무엇을 기다리는가? 썩어질 것에서 해방되어 새로운 지구가 되기를 기대하고 있는 것이다. 이것은 하나님의 아들들이 나타나날 때 일어날 일이다. 하나님의 아들들은 지금은 중요하지 않게 보일 수 있지만 하나님의 일을 수행하는 대사와 같은 자들이고 결국 그렇게 드러나게 될 날들이 올 것이다. 그 날에는 "피조물도 썩어짐의 종 노릇 한 데서 해방되어 하나님의 자녀들의 영광의 자유에 이르게 될 것"이다(롬 8:21). 이 모든 말씀이 로마서 8장에 담겨있다. 읽어보기를 권한다.

어느 날 성도들이 하나님의 고결함을 가진 자들로서 온 세상에 드러날 때 이들의 놀라운 행진이 있게 될 것이다. 그것은 사도 요한의 "보라 아버지께서 어떠한 사랑을 우리에게 베푸사 하나님의 자녀라 일컬음을 받게 하셨는가"(요일 3:1)라는 말씀을 성취하는 것이다. 여러분은 탕자의 비유에서 "아버지의 아들이라 일컬음을 감당하지 못하겠나이다"라는 말씀을 생각한다면 하나님의 아들로서 나타나게 하신 그분의 사랑에 놀라게 될 것이다. 이 보다 더 진실된 이야기를 할 수는 없다. 하나님이 당신을 그분의 대사중의 하나로 이제 인정하셨다는 것은 더욱 놀랄만한 일이다.

요한은 계속해서 "그러므로 세상이 우리를 알지 못함은 그를 알지 못함이라"(요일 3:1)고 말한다. 세상은 주를 알지도 못하고 우리도 알지 못한다. 세상은 그들 가운데 누가 있는가를 알지 못한다. 겸손한 그리스도인이 언젠가는 하늘의 별과 같이 빛나게 되리라는 것을 모른다. 하지만 "그가 나타나시면 우리가 그와 같을 줄을 아는 것은 그의 참모습 그대로 볼 것이기 때문이니"(요일 3:2)라는 말을 기억하라. 성도들의 행렬은 위대하고 영광스러운 퍼레이드가 될 것이며 그들은 그리스도와 함께 영원히 피조물을 다스릴 것이다.

이 영광은 언제 있게 될 것인가?

이제 여러분이 원하는 질문에 대답하고 싶은 내용을 다루려 한다. 우리는 언제 이런 영광에 들어가게 될 것인가? 간략하게 답하자면 나팔이 울려 퍼지고 주님께서 다시 오실 때이다. 이는 오랜 기간의 소망이다.

이 대답을 듣고 실망했을 수 있다. 여러분은 "나는 죽으면 천국에 갈 것이다"라고 항상 생각했고 "그렇지 않나요?"라고 물을 것이다. 나의 대답은 그럴 수도 있고 그렇지 않을 수도 있다는 것이다. 바울은 "세상을 떠나서 그리스도와 함께 있는 것이 훨씬 더 좋은 일이라"(빌 1:23)고 말한다. 다른 부분에서는 "내가 육신으로는 떠나 있으나 심령으로는 너희와 함께 있어"(골 2:5)라고 이야기한다. 하지만 그때에도 주님은 아직 오시지 않았는데 이는 우리가 아직 죽은 자들 가운데서 부활하지도 않았고 변화된 몸도 갖고 있지 않음을 의미한다. 아직 예수님을 직접 대면하여 볼 수 없을 것이다. 요한의 서신에는 그가 나타나실 때와 육체의 부활을 매우 선명하게 연결시키기 때문이다(요일 3:2).

그러나 우리는 그때를 기다릴 필요가 있는 것처럼 보인다. 어떤 이는 "글쎄요, 그때를 기다리고 싶지 않아요"라고 말하고 싶을지도 모른다. 데살로니가교회의 그리스도인들은 그들이 기다려야만 한다는 이야기를 들었을 때 약간은 실망했다. 당시에 살아가던 그들에게 주님이 다시 오실 날은 너무나도 임박해서 오래 기다릴 필요가 없다고 느꼈기 때문이다. 하지만 그들은 여전히 기다리고 있다.

나는 꽤 오랜 시간 주님과 함께 있게 되리라는 첫 번째 보증과 오랜 기다림, 그리고 영광 속으로 들어가는 문제에 대해 꽤 오랜 기간 헤아려 보았다. 어쩌면 "예수 안에서 잠자는 자들"이라는 표현을 사용한 것이 실마리를 제공하지 않을 수도 있다고 생각했다. 깊은 잠에 빠지게 될 때 당신이 의식하는 것은 시간의 흐름을 알지 못하는 가운데 그 다음 날 아침에 깨어난다는 것이다. 그와 동일하게 우리도 부활의 아침에 기다림이 있었다는 것을 의식하지 못한 채 깨어날 수도 있다.

어쨌든 이런 생각이 만족스러운지 확신할 수는 없다. 최근에 들어서야 조금씩 주님이 내게 만족스러우면서도 마음을 들뜨게 하는 대답을 주시고 있다. 이 문제를 아내와 나누고 "솔직히 어떻게 생각해야 할지 모르겠다"고 말한 적이 있다. 이 때 주님께서는 내가 볼 필요가 있다고 느낀 것을 보여주시기 시작하셨는데 무엇보다 마틴 루터의 인용문을 통해서 알려 주셨다. 부정적인 것을 고백함으로서 긍정적인 것을 얻었던, 무지함을 고백함으로써 앎을 얻은 또 다른 사건이었다.

시간이 시작되기 전에

지상에서의 삶을 특징짓는 것은 시간이다. 실제로 시간은 이 우주와 특별히 연관되어 있다. 우리는 우주 안에서 시간을 측정하지 태양과 달과의 관계 속에서 지구의 몇 가지 움직임으로 측정하지 않는다. 무엇보다 시간은 시작점을 갖는 것 같다. 바울 서신에는 "영원 전부터"(*aion*)라는 구절이 두 번이나 나타나기 때문이다(딤후 1:9, 딛 1:2). 성경에 나타나는 이 두 구절을 살펴보면 AV(흠정역)에는 "세상이 시작되기 전"(before the world began)으로 되어 있지만 "세상"이라는 단어는 일상적인 것과는 달리 드물고 특별하게 사용되는 말이다. "세상"에 해당되는 일반적인 단어는 헬라어로는 코스모스(*kosmos*)이며 적어도 187군데에서 그런 의미로 번역이 되어 있다. 하지만 이보다 훨씬 덜 사용되는 다른 단어인 아이온(*aion*)이 있다. 아이온은 32차례 밖에 사용되지 않는데 그 의미는 세대(age)이나 AV는 '세상'으로 번역한다(world). 이는 우리가 보통 이해하는 것으로서의 세상과는 다른 의미이다. 어떤 사람들에게는 아주 새로운 개념이지만 "영원 전부터"라는 번역을 사용하는 것이 내게는 옳게 보인다. 이는 NIV에서 "before the beginning of time"(시간의 시작 전에)라고 번역된 사실에서 확인할 수 있다. NKJV는 "before time began"(시간이 시작되기 전에)으로 RV(개정역)는 "before time eternal"(영원 전에)로 번역되어 있다.

하나님이 시계가 돌아가도록 하시기 직전의 순간을 상상해 보는 것은 분명 합당한 일이다. 그 시계는 과연 멈출 것인가? 나는 그렇다고 생각한다. KJV의 요한계시록 10:6에서는 하늘을 향해 손을 들고 세세토록 살아계신 이에게 "더 이상 시간이 있지 아니하리니"(that there should be time no longer)라고 맹세하며 예언하는 천사를 언급하고 있다. 대부분의 새로운 번역에서는 "지체치 아니 하리니"(that there should be delay no longer)라는 표현을 쓰는데 단순한 의미를 통해 우리에게 확실한 도움을 주는 것 같다. 하지만 시간에 해당하는 헬라어 단어는 크로노스이고 30군데에서 "시간"으로 번역되어 있으며 지체와 관련된 다른 어떤 단어로도 번역된 적이 없다. 따라서 이 문장을 "더 이상 시간이 있지 아니하리니"로 남겨놓도록 하자(시간의 끝이 가장 중요한 문제는 아니다. 그리고 이 구절을 해석할 때 교리적으로 접근하지 않을 것이다).

하지만 우리의 제한된 사고로 시간이 있기 전의 사물의 상태에 대해 생각하기는 어렵다. 시간이 시작되기 전에 바울 서신의 두 구절에서 하나님이 두 가지 일을 행하셨다고 전한다. 우리 같은 죄인을 위해 그분의 크신 마음으로 세상을 조성하셨고 둘째는 거짓을 말할 수 없는 분으로서 우리에게 영생의 약속을 주신 것이다. 이 모든 것이 시간이 시작되기 전에 있던 일이다. 종종 언급되는 세상의 기초가 놓이기 전의 일인 것이다. 세상은 시간 안에서 기초가 생겨났다. 하지만 죄인을 위한 이 선한 목적들은 시계의 초침이 움직이기 시작했던 때보다 훨씬 전의 일이다. 죄인을 위한 하나님의 구원계획은 나중에 고안된 것이 분명히 아니다. 은혜에 대해 이야기 할 때 "시간이 시작되기 전", 상상할 수 없는 과거로까지 거슬러 올라가야 하는 것이다. 비벌리 셰아(Beverly Shea)의 초창기 노래에는 다음과 같은 가사가 담겨 있다.

> 시간이 시작되기 오래 전에
> 당신은 그분의 계획 안에 있었습니다.

시간과 영원

이야기하려 했던 주제로 다시 돌아가자. 나는 지상에서의 삶을 특징짓는 것은 시간이라는 말을 반복했다. 물질세계 너머에는 영원이 있다. 영원은 시간을 길게 확장시킨 것이 아니다. 영원은 단순히 말해 시간적인 것이 아니며 무시간이라 말할 수 있는 것이다. 위대한 모든 사건들은 우리의 시간을 취하지 않고 일어날 수 있다. 영원 속에서 하나님은 과거도 없고 미래도 없다. 모든 것이 현재형이다. 영원 속에서 세상의 과거 역사는 현재이다. 미래도 동일하다. 이미 일어난 것이다. 역사 속의 모든 것과 우리가 미래라고 칭하는 것은 지금 존재하는 것이다. 하나님이 사랑하는 아들을 태초부터 죽임 당하신 어린 양이라고 부를 수 있는 이유가 바로 그것이다. 어린 양은 우리 관점으로 보면 역사의 특정한 한 시점에 지상에서 실제로 죽으셨다. 하지만 하나님에게 갈보리 사건은 이미 시간과 상관없이 성취된 사건이었다.

여기에서 한 가지 예증이 필요할 것이다. 그렇지 않으면 시간과 영원에 관련하여 헤아리지 못하고 혼란에 휩싸일 것이다. 연속적인 이야기를 가진 책과 그것을 읽고 있는 독자를 대조하면 도움이 될 것이다. 독자가 이야기의 어느 지점에 도달하게 되면 그것은 독자에게 현재형으로 다가오는 것이며 지금 이 순간 그 내용을 즐기게 된다. 하지만 이미 읽었던 것은 과거가 되고 아직 읽지 못한 것은 미래로 남아 있다. 하지만 어떤 순간에라도 읽었던 이야기로 돌아올 수 있으며 그 부분은 즉시 그에게 현재형이 된다. 책은 시간 안에 있지만 독자는 하나님과 같이 영원 안에 있는 것이다. 자신의 의지에 따라 일부 혹은 전부가 독자에게 현재가 될 수 있다. 일생동안 나는 시간 속에 갇혀 있었지만 죽을 때에 나를 만드신 하나님께 돌아가게 되고 나는 시간에서 영원으로 건너가며 모든 것은 하나님께와 마찬가지로 내게도 현재가 될 것이다.

이 부분에 대해 더 이상의 질문을 하지 말라. 더 이상의 대답이 남아 있지 않기 때문이다. 적어도 내게는 그렇다.

하나님의 아들이 죽을 때

하나님의 자녀가 죽으면 시간에서 벗어나 가장 위대한 믿음의 본질적 요소들이 이미 성취된 영원으로 나아간다. 나팔 소리가 들리고 주님이 오시면 성도들이 무덤에서 일어나고 부활의 몸을 덧입으며 예수님을 대면하는 가운데 세상을 통치하게 될 것이다. 마틴 루터는 이에 대해 "내가 죽으면 곧바로 '마틴, 이제 일어날 시간이다'라고 말씀하시는 주님의 친절한 음성을 듣고 나는 부활할 것이다"라고 이야기했다. 오랜 시간 아니면 짧은 시간을 기다리게 될 것인가? 그것은 상관없는 이야기다. 우리는 시간에서 벗어나 영원 가운데 있으므로 성도들의 의식에 관한 것이라면 그것은 즉각적일 것이다. 그렇다면 즉각적인 죽음은 즉각적인 영광이다.

이 모든 것이 얼마나 영광스러운 일인가? 우리가 죽는 방식과 부활하는 방식은 얼마나 대조가 되는가? 떠날 때의 추악함과 고통에 비해 부활에 들어갈 때의 영광 또한 커다란 차이가 있다.

> 썩을 것으로 심고 썩지 아니할 것으로 다시 살아나며 욕된 것으로 심고 영광스러운 것으로 다시 살아나며 약한 것으로 심고 강한 것으로 다시 살아나며 육의 몸으로 심고 신령한 몸으로 다시 살아나나니(고전 15:42-44).

부활은 즉각적인 것이다. 누군가가 죽음은 마지막으로 남은 추악함이라 말한 적이 있다. 어떤 관점에서는 그렇게 보일 것이다(신약성경도 죽음을 "맨 나중의 원수"라고 부른다). 하지만 앞에 놓여 있는 영광은 죽음의 침상을 빛으로 환하게 비출 것이다.

사망이 실제로 쏘는 것은 불치병이 주는 고통이 아니라 죄라고 성경은 말한다. 하나님의 아들이 그 쏘는 것을 제거했다. 벌에게 쫓기는 아이를 엄마가 보호해주는 이야기와 같다. 엄마가 공포에 질린 아이를 불러 팔로 감싸며 머물러 있게 한다. 잠시 후 엄마는 말한다. "이제 안전하단다. 가도 좋아." 벌은 엄마의 팔을 쏘았고 침은 그 팔에 박혀 있다. 아이는 자유롭다. 사망이 쏘는 것은 죄이지만 십자가에 달리신 주 예수를 쏘았고 그 침을 상실하게 되었다(말벌과는 달리 벌은 쏘게 되면 침을 잃어버린다). 이제 죄는 여러분을 고소하거나 정죄할 수 없다. 그래서 예수님은 "그는 사망을 폐하시고 복음으로써 생명과 썩지 아니할 것을 드러내셨고"(딤후 1:10) 죽음조차도 굴복시키셨다.

언젠가 마틴 로이드 존스 박사가 "만물이 다 너희 것임이라…너희는 그리스도의 것이요 그리스도는 하나님의 것이니라"(고전 3:21-23)라는 바울의 말씀을 설교한 것을 들은 적이 있다. 사도 바울은 "바울이나 아볼로나 게바나 세계나 생명이나 사망이나 지금 것이나 장래 것이나 다 너희의 것이요"라고 선포하며 "너희의 것"에 속하는 것들을 열거하고 있다. 로이드 존스는 사망이라는 단어를 선택했다. 그는 사망이 어떤 의미에서 우리의 것이 될 수 있는가를 물었다. 그리고 자신이 한 질문에 대답했다.

> 다음과 같은 의미에서 사망은 우리의 종입니다. 사망은 문을 열어 우리를 영광으로 인도하는 문지기와 같습니다. 우리가 그리로 들어갈 때 감사를 표시하게 되지요.

그렇다. 성경은 사망이 마지막 원수라고 말한다. 하지만 예수님이 사망을 이기셔서 우리의 원수였던 것을 종으로 바꾸셨다. 우리는 사망을 두려워할 필요가 없다. 마지막 계단을 넘어 영광으로 이르도록 도와준다는 의미에서 사망은 우리의 종인 것이다. 오래된 찬송에서 예수님은 죽음과 지옥의 처참함을 종식시킨 분이라고 노래한다.

잃어버린 자는 어떠한가?

회개하지 않고 예수님과 그의 피를 의지하지 않은 잃어버린 자들은 어떻게 되는 것인가? 우리는 그들을 잃어버린 자라고 부르지만 단순히 마지막 날에 구원을 놓치는 것이 아니라 그들은 그 동안 계속적으로 잃어버린 상태에 있었다. 이 말은 성경의 표준적인 단어로 잃어버린 바 되어서 발견되어야 하지만 그것을 별로 달가워하지 않는 상태를 묘사한다. 이들도 또한 시간에서 영원으로 옮겨가며 모든 것이 현재 상태로 있게 된다. 마지막 날까지 기다릴 필요가 없는 것이다. 평생의 죄가 그들에게는 현재 상태로 있고 그것을 기록한 책들은 그들의 죄를 생생하게 보여주며 펼쳐져 있다. 판결은 이미 선언되었다.

> 내가 너희를 도무지 알지 못하니 불법을 행하는 자들아 내게서 떠나가라(마 7:23).

예수님이 그들을 위해 예비하신 영광의 기쁨을 모두 잃어버린다면 얼마나 안타까운 일이 되겠는가?

C. S. 루이스는 『고통의 문제』(The problem of pain)의 지옥에 관한 장에서 숭고한 이야기를 전한다. "측량할 수 없는 자비가 있지만 여전히 지옥이 존재한다!" 하지만 마지막 이야기가 아직 남아 있다. 만약 구원에 대한 확신이 여전히 없어도 자비의 문은 아직 열려 있다. 그것도 당신의 상태에 맞게 열려 있어서 있는 그대로 그곳으로 들어갈 수 있다. 당신을 구원하기 위해 어떤 설득도 필요가 없다는 것을 확신하라. 설득이 필요한 사람은 당신이다. 그분을 받아들이고 그분이 당신을 받아들이도록 해야 한다. 당신이 오늘 그렇게 설득되기를 바란다.

설교자를 위한 부록 | 복음을 설교하라

나는 스웨덴에서 오래 전 미국으로 건너온 아주 신실한 자유교회의 교단에 속하는 전도언약교회(Mission Covenant Church)의 설교자 모임 가운데서 웨슬리 넬슨(Wesley Nelson)에게서 받은 강연의 일부를 나누고자 한다. 웨슬리 넬슨과 나는 아주 가까운 사이로 지내며 함께 깊은 은혜를 추구해왔다. 우리의 교제는 서로에게 유익이었다! 여러 교회를 섬긴 후 그는 시카고에 있는 노스파크신학교(North Park Seminary)의 설교학 교수가 되었다. 그는 고맙게도 내게 그 강연의 일부를 이 책에 싣는 것을 허락해주었다.

복음에 대해 다루어보자. 본질적으로 설교란 복음 선포이다. 복음을 설교한다는 것을 의미하는 헬라어 단어가 두 가지가 있다. 하나는 유앙겔리조(*euaggelizo*)로써, 복음을 전한다는 의미를 갖고 있으며, 또 다른 하나가 케뤼쏘(*kerusso*)로써, 이 단어 역시 복음을 선포하는 배경에서 사용된다. 예를 들어, 마태복음 4장 23절을 보라.

> 예수께서…천국 복음을 전파하시며…(마 4:23).

여기서 마태가 사용한 단어가 바로 케뤼쏘이다. 따라서 혹자는 이렇게 질문할 수도 있을 것이다. 복음이 전달하고자 하는 것이 무엇인가?

설교의 기본적 주제는 바로 "옥문이 열렸고 당신은 자유롭게 되어 세상 가운데로 나아가 유쾌함과 기회와 의미 있는 삶과 영생을 얻게 되었으니 이제 어둔 지하 감옥을 떠나 빛으로 나아가라"는 것이다. 이 메시지는 바로 위의 두 헬라어가 사용되는 곳에서 설교되는 내용을 보여주고 있는 것이다. 즉, 이렇게 말할 수도 있다. 만약 당신이 설교자라면 당신은 복음 외에 다른 것을 설교하면 안 된다. 만약 복음이 아니라면, 성경에는 다른 헬라어 단어가 사용되어야만 했을 것이다.

그러나 당신은 복음 선포와 연관된 또 다른 책임도 갖고 있다. 그 중 한 가지는 어떻게 그 감옥에서 나올 수 있는지를 설명하는 것이다. 이것은 일종의 교훈이지만, 복음 선포와 관계되어 있는 교훈이다. 배움이란 배우는 자의 학문적 열정보다는 오히려 영적이 되기 위함이 동기부여가 된다. 즉, 자유롭게 되기 위한 방법을 알기 위한 욕구가 배움을 자극한다. 따라서 교훈적 가르침이란 중요하다. 그러나 그것은 설교에서 부차적인 요소일 뿐이다.

한편, 당신은 사람들이 자신의 삶 속에서 자유를 이어가도록 또한 그들이 그리스도인의 자유가 종으로서의 삶을 통해서 유지된다는 것을 보여주어야 한다. 자유를 발견한 사람들에게 가장 가치 있는 일, 그리고 그들이 해야 하는 일이란 그리스도 안에서 누리는 자유로 그분을 섬기는 자기희생이다.

복음을 설교하는 것과 관련된 엄중한 경고들이 있다. 예수님의 비유나 기타 말씀 중에 "슬피 울며 이를 갊이 있으리라"라는 표현이 간혹 의미심장하게 나타난다. 예수님의 이러한 가혹한 말씀을 복음 설교자로서의 그분의 역할과 상충되는 것으로 보아선 안 된다. 따라서 우리가 복음을 설교한다고 말할 때, 우리는 복음 메시지를 거부함의 결과에 대해 그저 얼버무리고 지나가버려서는 안 된다. 복음 설교자는 교훈도 해야 하고 도전도 하며 아주 엄중한 경고도 잊지 말아야 한다. 물론 가장 중요한 것은 사람들이 그것을 듣고, "오늘 내가 들은 소식 중에 가장 놀라운 것이군요!"라는 반응을 하게 하는 것이다.

당신은 복음을 설교한다는 것은 설교할 때 가장 쉽게 들리게 해야한다는 사실을 기억해야만 한다. 당신이 이미 경험했을지도 모르지만, 모든 악한 세력은 당신이 복음을 전하려는 노력을 좌절시키기 위해 단합한다. 당신이 복음 설교자가 되기로 결정했다면 간혹 당신은 사람들로 인해 당황할 것이며 신경이 날카롭게 된다면 복음을 선포하기보다 다소 도덕적 훈계를 늘어놓을지도 모른다. 이러한 행동은 습관이 되어서 복음 설교하는 기쁨을 앗아갈 것이며 심지어 복음을 들어야 할 당신의 청중에게서도 그 기쁨을 강탈하는 것이나 마찬가지 이다. 내가 이전 세대의 장로교 설교자이자 설교학자인 조지 버트릭(George Buttrick)이 이렇게 말하는 것을 들은 적이 있다.

> 강단에서 도덕적 훈계를 사용하지 말아야 하는 세 가지 이유가 있다. 첫째, 그것은 오만함을 자아낸다. 둘째, 사람들은 거기에 주목하지 않는다. 셋째, 그들은 이미 당신이 설교하기 전에 무엇을 해야 하는 지 잘 알고 있다.

올바른 행동을 하게 만드는 가장 최고의 동기는 바로 모든 것을 압도하는 복음의 선포에 대한 반응으로써 일어난다.

나는 최근에 이사야 59장 1-2절을 본문으로 하여, 설교를 한 적이 있다.

> 여호와의 손이 짧아 구원하지 못하심도 아니요 귀가 둔하여 듣지 못하심도 아니라 오직 너희 죄악이 너희와 너희 하나님 사이를 갈라 놓았고 너희 죄가 그의 얼굴을 가리어서 너희에게서 듣지 않으시게 함이니라(사 59:1-2).

이 본문에도 복음이 들어있는지 묻는다면, 나는 "넘쳐나도록!"이라고 대답할 것이다. 하나님의 팔이 우리를 잡지 못할 만큼 짧지 않다는 것이야 말로 복음이다. 내가 하나님의 간격으로부터 벗어나있을 정도로 멀어져있다는 것은 얼마나 끔찍한 사실인가!

하나님의 귀는 나를 듣지 못하실 정도로 둔하지 않다. 하나님이 갈수록 노화하셔서 내 울부짖음을 듣기 어렵지 않을실까? 복음은 하나님은 멀리 계신 것도 아니며 귀가 먼 분도 아니라고 말한다.

무엇보다도 복음에 있어서 가장 반가운 소식이란 하나님과 나 사이를 갈라놓은 죄에 관한 것이다. 만약 그것이 내 혈통이나 지적 능력 혹은 외모 등 어찌할 수 없는 것이라면 어떻게 하는가? 하나님은 내 죄를 다룰 수 있는 길을 제공하셨고 나는 그분이 제공하신 회개로의 초청에 응했으며 그분의 완전하신 용서를 입었다. 예수님은 내가 죄를 인정한다면 그 실패로 가득한 내 마음의 집에 찾아오신다.

이는 회개에 대한 설교로 나아가며 이사야 59장 20절의 말씀을 상기시켜준다.

> 여호와의 말씀이니라 구속자가 시온에 임하며 야곱의 자손 가운데에서 죄과를 떠나는 자에게 임하리라(사 59:20).

그러나 회개라는 것은 강압적으로 요구되는 것이 아니다. 회개는 주님께로 돌아오라는 환영의 초청이며 이러한 초청은 올바른 행동을 하게 만드는 최고의 동기가 왜 복음이 되는 지에 대한 답을 준다. 즉, 이것은 하나님께로 돌이켜 그분께로 나아가려는 동기에 열정을 부여한다. 나는 이 설교에서 이렇게 말했다.

> 제가 50년간 설교하면서 이 본문으로 한 번도 복음을 말하지 않았다는 것은 가능한 일일까요? 저는 청중이 이 복음을 한 번도 듣지 못했으면 어떻게 하나 늘 고민합니다. 지난 주도 그렇고 다음 주도 그렇고 저는 이렇게 살 것입니다. 저는 다음 주에도 기쁜 마음으로 이 복음을 설교할 준비가 되어 있습니다.

나는 주일마다 복음을 설교하는 설교자로 서 있는 이 사실에 말할 수 없이 기뻤다. 웨슬리는 이 진리를 그의 뛰어난 능력으로 잘 설명한다. 여기에 인용해보겠다.

> 로마서 6장 14절을 보라. "죄가 너희를 주장하지 못하리니 이는 너희가 법 아래에 있지 아니하고 은혜 아래에 있음이라." 바울 신학에 대한 연구는 죄의 세력이 단순이 우리가 죄를 짓도록 만들 뿐만 아니라, 우리 스스로를 정당화 시켜 죄성을 부정하며 회개를 거부하게 함으로써 참된 행복을 느끼지 못하게 만듦을 보여준다. 당신이 회개하고 십자가 상에서 우리의 죄과를 알아보고 그것을 고백할 때, 심지어 우리가 계속해서 죄인으로 남아있을지라도 죄의 세력은 깨어진다. 예를 들어 질투가 있다고 하자. 그때 은혜는 이렇게 말하는 것이다. "나는 너의 질투심에 관하여 정직하게 되길 바란다. 질투심을 변명하지도, 정당화 하지도 말고, 질투가 아닌 다른 것으로 포장하려고도 하지 말라. 오히려 그 반대로 하라." 물론 질투는 멈추어야 한다. 그러나 당신이 그리스도 안에서 회개하고 하나님의 은혜를 구한다면 당신이 질투를 극복하기 전이라 할지라도 십자가 위에서 질투를 포함한 다른 그 어떤 죄도 당신을 정죄할 힘을 잃게 될 것이다. 하나님께서는 이렇게 말씀하신다. "보라, 너와 내가 함께 질투를 극복할 것이다. 우리가 그것에 대하여 할 수 있는 일을 보

라." 나는 사람들이 이 본문을 설교 할 때 그들이 평안을 얻고 부드러워지는 모습을 볼 수 있었다. 나는 또한 믿음을 포기한 사람들을 잘 알고 있었지만 그들이 새롭게 복음을 바라보게 했고 이 복음으로 그들이 다시 시작하게 했다.

로마서 6장에 대한 이러한 언급은 나로 하여금 "마침내 자유로다! 로마서 6장의 재발견"이라는 제목의 책을 쓰고 싶다는 소망을 갖게 만들었다(그러나 로이 헷숀은 이 책을 유작으로 세상을 떠났다 - 역자 주). 나는 이 책에 그러한 내용을 포함시키고자 했으나 그것은 너무 오랜 시간이 걸릴 듯하다. 그러나 하나님께서 도우신다면 가능할 것이다.

위대한 복음
Good News for Bad People

2014년 4월 21일 초판 발행

지 은 이 | 로이 헷손
옮 긴 이 | 조숭희

편　　집 | 박상민, 진규선
디 자 인 | 박희경, 김동우
펴 낸 곳 | 사)기독교문서선교회
등　　록 | 제16-25호(1980. 1. 18)
주　　소 | 서울시 서초구 방배로 68
전　　화 | 02) 586-8761~3(본사) 031) 942-8761(영업부)
팩　　스 | 02) 523-0131(본사) 031) 942-8763(영업부)
홈페이지 | www.clcbook.com
이 메 일 | clckor@gmail.com
온 라 인 | 기업은행 073-000308-04-020, 국민은행 043-01-0379-646
　　　　　 예금주: 사)기독교문서선교회

ISBN 978-89-341-1381-2 (03230)

* 낙장 · 파본은 교환해 드립니다.

이 도서의 국립중앙도서관 출판시 도서목록(CIP)은 서지정보유통지원시스템 홈페이지(http://seoji.nl.go.kr)와
국가자료공동목록시스(http://www.nl.go.kr/kolisnet)에서 이용하실 수 있습니다.(CIP제어번호: CIP2014012897)